Collection
PROFIL
dirigée par Geo

Série
PROFIL

La Bête humaine (1890)

ÉMILE ZOLA

Résumé
Personnages
Thèmes

RENÉE BONNEAU
agrégée des lettres

HATIER

ISSN 0750-2516   ISBN 2-218-05347-0

Sommaire

Toutes les références à *La bête humaine* renvoient à la
collection « Folio », Éditions Gallimard.

Zola : Notice biographique

1840 Naissance à Paris d'Émile Zola, fils d'un ingénieur italien.

1843 La famille s'installe en Provence où François Zola étudie un projet d'aqueduc.

1847 Mort de François Zola.

1851 Coup d'État du 2 décembre.

1852 Début du Second Empire. Émile Zola entre au collège d'Aix. Il se lie avec le futur peintre Cézanne.

1857 Procès pour immoralité de Flaubert *(Madame Bovary)* et de Baudelaire *(Les Fleurs du mal)*.

1858 Zola et sa mère retournent à Paris. Leurs revenus sont très précaires. Zola est admis comme boursier au lycée Louis-le-Grand, mais échoue au baccalauréat. Il abandonne ses études et travaille comme commis aux douanes (1860). Il fréquente le milieu des peintres.

1862 Engagé comme emballeur à la Librairie Hachette, il devient rapidement chef de publicité. Il gagne en outre quelques revenus en tant que journaliste.
Hugo publie *Les misérables*.

1864 Zola publie les *Contes à Ninon*. Il se lie avec les frères Goncourt.

1865 Mariage de Zola. *La confession de Claude*.

1866 Zola quitte la Librairie Hachette. Il a décidé d'être écrivain « à part entière ». Ouvrages de critique littéraire *(Mes haines)* et artistique *(Mon salon)*, où il prend la défense du peintre Manet accusé d'indécence et de mauvais goût.

1867 *Les mystères de Marseille*, roman-feuilleton. *Thérèse Raquin*, premier succès. La préface définit les principes du roman expérimental.

1868 *Madeleine Férat*. Manet peint *Le balcon*, et le *Portrait de Zola*. **Zola conçoit la série des Rougon-Macquart.**

1869-1870 *La fortune des Rougon*, premier roman de la série. Importante préface qui définit les principes adoptés par le romancier.

1870 Séjour à Marseille. Activité de journaliste.

1870 **Guerre avec la Prusse. Défaite de Sedan. Fin du Second Empire.** Siège de Paris

1871 Armistice. Soulèvement de la Commune. Répression. *La curée*. Monet : *Pont sur la Seine à Argenteuil, Gare Saint-Lazare*.

1873 *Le ventre de Paris*.

1874 *La conquête de Plassans*. Première exposition impressionniste.

1875 **Proclamation de la République.**
La faute de l'abbé Mouret. Degas : *L'absinthe, La blanchisseuse*.

1876 *Son Excellence Eugène Rougon*.

1877 *L'assommoir*. Zola devient très célèbre.

1878 Zola achète la propriété de Médan, en Seine-et-Oise. Il y réunit des amis et disciples naturalistes.
Une page d'amour.

1880 *Nana*. Gros succès de scandale. Un ouvrage théorique : *Le roman expérimental*. Un recueil collectif : *Les soirées de Médan*.
Guy de Maupassant commence la publication de ses *Contes*.

1881 *Les romanciers naturalistes*.

1882 *Pot-Bouille*.

1883 *Au bonheur des dames*.

1884 Loi de Waldeck-Rousseau autorisant les syndicats. *La joie de vivre*.

1885 *Germinal*.

1886 *L'œuvre*.

1887 *La terre*. La crudité de ce roman déclenche le scandale et le désaveu de quelques disciples qui, dans *Le manifeste des cinq*, se désolidarisent de Zola.

1888 Liaison avec Jeanne Rozerot qui lui donnera deux enfants. *Le rêve.*

1889 Exposition universelle. Construction de la Tour Eiffel.

1890 *La bête humaine.*

1891-1892 Agitation sanglante en pays minier. *La débâcle.*

1893 Scandale du Panama. *Le Docteur Pascal*, conclusion de la série.

1894-1897 Série des « Trois villes » : *Paris ; Londres ; Rome.*

1897 Affaire Dreyfus.

1898 13 janvier. Zola publie dans *L'aurore* une lettre retentissante au président Félix Faure, *J'accuse*, où il défend Dreyfus. On lui fait un procès. Il doit s'exiler en Angleterre.

1899 Retour à Paris. Il commence la série des « Quatre Évangiles » : *Fécondité.*

1901 *Travail. La vérité en marche.*

1902 Mort de Zola par asphyxie (accidentelle ?).

1903 Publication posthume de *Vérité.*

1908 Transfert des cendres de Zola au Panthéon.

2 | Contexte du roman

LA SÉRIE DES « ROUGON-MACQUART »

Composée par Zola entre 1870 et 1893, la fresque des « Rougon-Macquart », dont fait partie *La bête humaine*, présente, en 20 volumes publiés à raison d'un par an environ, l'*Histoire naturelle et sociale d'une famille sous le Second Empire*.

Ce vaste ensemble illustre les principes et les méthodes du Naturalisme. Ce mouvement littéraire, qui marqua le roman français entre 1865 et 1890, s'inspire de la démarche scientifique telle que l'a définie Claude Bernard dans son livre : *Introduction à l'étude de la médecine expérimentale* (1865). Pionnier et théoricien de cette nouvelle école littéraire, Zola précise dans plusieurs ouvrages[1] ce que doit être la démarche du romancier : posant comme postulat que les hommes sont déterminés par des lois aussi rigoureuses que celles de la nature et que le psychique est indissolublement lié au physique, Zola va, comme le savant, « prendre les faits dans la nature, puis étudier le mécanisme des faits en agissant sur eux par la modification des circonstances et des milieux »[2].

---

1. Préface de *Thérèse Raquin* (1867) ; *Une définition du roman* (1866) ; *Le roman expérimental* (1880) ; *Les romanciers naturalistes* (1881).
2. Zola, *Le roman expérimental*.

Une telle théorie, qui réduit considérablement la part de liberté des individus, suppose qu'ils subissent le triple déterminisme de leur race, du milieu et de l'époque où ils vivent[1].

C'est surtout sur le déterminisme de **l'hérédité** que se fixe l'attention du romancier, le milieu et les circonstances jouant le rôle de catalyseurs. Dans la préface de *La fortune des Rougon* (1870), premier roman de la série des « Rougon-Marquart », Zola annonce clairement son propos : « Je veux expliquer comment une famille, un petit groupe d'êtres, se comporte dans une société en s'épanouissant pour donner naissance à dix, vingt individus qui paraissent, au premier coup d'œil, profondément dissemblables, mais que l'analyse montre intimement liés les uns aux autres. Je tâcherai de suivre, en résolvant la double question des tempéraments et des milieux, le fil qui conduit mathématiquement d'un homme à un autre homme. »

L'ouvrage du docteur Lucas, *L'hérédité naturelle* (1850), a fourni au romancier son hypothèse de travail. Il entreprend alors l'arbre généalogique des Rougon-Macquart, qu'il publiera en 1878 avec *Une page d'amour* et auquel cette phrase de la préface de *La fortune des Rougon* pourrait servir de commentaire : « Physiologiquement, ils sont la lente succession des accidents nerveux et sanguins qui se déclarent dans une race, à la suite de la première lésion organique. »

Histoire d'une **famille**, la fresque des Rougon-Macquart est aussi celle d'un **régime** et d'une **société**. A travers les destins individuels de cinq générations évoluant dans les milieux les plus divers et dont chacun constitue le sujet d'un roman, on peut suivre toute l'aventure du Second Empire, depuis le coup d'État du 2 décembre 1851 jusqu'au désastre de Sedan marquant la défaite de la France devant la Prusse et la chute de Napoléon III (voir tableau page suivante).

---

1. Théorie formulée par le philosophe Taine (1828-1893) : *Essais de critique et d'histoire* ; *Philosophie de l'art* ; *De l'intelligence*. Deux de ses formules les plus significatives sont : « Le vice et la vertu sont des produits comme le vitriol et le sucre », et : « Un roman n'est qu'un amas d'expériences. »

Les 20 volumes des « Rougon-Macquart »

Date de parution	Romans	Milieux décrits[1]	Période ou faits historiques évoqués[2]
1870	*La fortune des Rougon*	paysans enrichis	Coup d'État du 2 décembre 1851
1871	*La curée*	monde des affaires	
1873	*Le ventre de Paris*	petits commerçants des Halles	1857 : construction des Halles
1874	*La conquête de Plassans*	ecclésiastiques, petite bourgeoisie	
1875	*La faute de l'abbé Mouret*	ecclésiastiques	
1876	*Son Excellence Eugène Rougon*	diplomatie	1853 : début des travaux d'Haussmann dans Paris
1877	*L'assommoir*	ouvriers	
1878	*Une page d'amour*	petite bourgeoisie	
1880	*Nana*	« demi-mondaines »	

1882	*Pot-Bouille*	petite bourgeoisie petit commerce	création des Grands Magasins (1852 : *Le Bon Marché*)
1883	*Au bonheur des dames*	commerce	
1884	*La joie de vivre*		
1885	*Germinal*	ouvriers mineurs	1866 : grève des mineurs d'Anzin
1886	*L'œuvre*	artistes	
1887	*La terre*	paysans	
1888	*Le rêve*	petits artisans	
1890	*La bête humaine*	cheminots, justice	fin du Second Empire
1891	*L'argent*	milieu boursier	1867 : faillite des frères Pereire
1892	*La débâcle*	armée, politique	guerre avec la Prusse 1870 : Sedan
1893	*Le Docteur Pascal*	médecine	

1. Il s'agit du milieu constituant le thème principal de l'étude dans le roman. Bien entendu, dans la même œuvre se croisent des personnages appartenant à des milieux différents.

2. Certains événements historiques sont évoqués directement et datés. D'autres, surtout d'ordre social et économique et s'étendant sur une plus large période (essor des grands magasins, construction des gares, travaux d'Haussmann), sont transposés par le romancier.

11

• *Deux romans en un seul*

En 1890, il reste à Zola quatre romans à écrire sur les vingt qu'il s'est fixés comme limite. Trois sujets sont déjà et depuis longtemps retenus : la bourse (ce sera *L'argent*, en 1891), l'armée (*La débâcle*, en 1892) et l'idée d'un roman « scientifique », comme il l'appelle, qui sera la justification et la conclusion de tout l'ensemble : *Le Docteur Pascal* (1893). Il a également projeté d'étudier le milieu judiciaire, par le biais de l'histoire d'un meurtrier déséquilibré, et il ne veut pas non plus ignorer le monde nouveau des cheminots, ni ces trains qui le fascinent et qu'il voit passer continuellement depuis sa propriété de Médan, au bord de la ligne de l'Ouest.

Zola se décide alors à fondre en une seule intrigue les deux sujets : *La bête humaine* sera à la fois le « roman du crime » et le « roman du rail ». Cette synthèse des deux thèmes, loin de paraître artificielle et de nuire à l'unité dramatique de l'œuvre, la soutient en une fusion si parfaite que l'un semble le contrepoint symbolique de l'autre.

• *Qui sera le meurtrier ?*

C'est à la branche bâtarde des Macquart qu'appartiendra le futur criminel, alors que la « branche Rougon » échappe, sinon à l'hérédité de la folie qu'elle détourne en appétit de pouvoir et de richesses, du moins à celle de l'ivrognerie. Car, dans la « branche Macquart », circule cette sève pernicieuse, l'alcoolisme, qui a déjà atteint et détruit l'héroïne de *L'assommoir*, Gervaise, et deux de ses trois enfants : un des fils qu'elle a eus de son amant Lantier, Claude, le peintre génial et déséquilibré qui se suicide à la fin de *L'œuvre* et Anna, dite Nana, la fille de Gervaise et de son mari alcoolique Coupeau, qui tourne la tare familiale « en état de vice »[1], et meurt rongée par la débauche. Quant au second fils de Gervaise et de Lantier, Étienne, le héros de la lutte des mineurs dans *Germinal*, en faire soudain un meurtrier déséquilibré semblerait une transformation peu crédible : les résurgences de

1. L'expression est de Zola et figure sur l'arbre généalogique.

la folie héréditaire n'attendent pas si longtemps pour se manifester dans les individus.

Plus soucieux de la cohérence de ses personnages que des contraintes d'une généalogie toute romanesque, Zola choisit alors de donner à Gervaise un autre fils, Jacques Lantier, et d'adjoindre, en 1893, au dernier roman, *Le Docteur Pascal*, un arbre généalogique remanié[1]. Un descendant des Rougon, médecin et héros du livre, récapitule ainsi l'histoire de Gervaise : « Son aîné, Claude, avait le douloureux génie d'un grand peintre déséquilibré, la folie impuissante de chef-d'œuvre qu'il portait en lui, sans que ses doigts désobéissants puissent l'en faire sortir [...] Jacques, lui, apportait le crime, la tare héréditaire qui se tournait en appétit instinctif de sang, du sang jeune et frais coulant de la poitrine ouverte d'une femme [...] Étienne, à son tour, chassé, perdu, arrivait au pays noir, [...] vivait avec les mineurs leur vie morne de misère et de basse promiscuité [...] Nana, dès lors, prenait sa revanche, la fille poussée sur l'ordure sociale des faubourgs. »[2]

Arbre généalogique des Rougon-Macquart : Branche de Gervaise
(d'après l'arbre construit par Zola lui-même en 1878 et remanié en 1893)

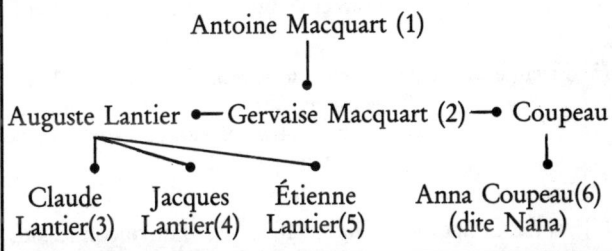

Blason généalogique simplifié des personnages de l'arbre généalogique remanié par Zola.

1. Cf. ci-dessous.
2. *Le Docteur Pascal*, Éd. de la Pléiade, tome V, p. 101.

(1) Antoine Macquart : Né en 1789. Soldat en 1809. Marié à Joséphine Gavaudan, vigoureuse mais intempérante.
Hérédité de l'ivrognerie de père en fils. Meurt alcoolique.

(2) Gervaise Macquart : Héroïne de *L'assommoir*. Blanchisseuse. A trois fils de son amant, Lantier, avec lequel elle se sauve à Paris et qui l'abandonne. Épouse en 1852 un ouvrier, Coupeau, dont elle a une fille. Boiteuse. Meurt de misère et d'excès alcooliques en 1870.

(3) Claude Lantier : Héros de *L'œuvre*. Né en 1842. Prépondérance morale et ressemblance physique avec la mère. Hérédité d'une névrose[1] se tournant en génie. Peintre.

(4) Jacques Lantier : Héros de *La bête humaine*. Né en 1844. Meurt en 1870, d'un accident. Hérédité de l'alcoolisme se tournant en folie homicide. État de crime. Mécanicien.

(5) Étienne Lantier : Héros de *Germinal*. Né en 1846. Mineur. Vit « encore » à Nouméa. Marié, là-bas, dit-on, et a des enfants qu'on ne peut classer.

(6) Anna Coupeau : Née en 1852. A, d'un inconnu, un (dite Nana) enfant en 1867 qu'elle perd en 1870. Hérédité de l'alcoolisme se tournant en perversion morale et physique. État de vice.

---

1. Zola emploie indifféremment le terme « névrose » et le terme « folie ».

CONTEXTE HISTORIQUE DE *LA BÊTE HUMAINE*

- *Vie politique*

L'action se déroule entre l'hiver 1869 et l'été 1870. La fin du Second Empire approche. Les républicains, hostiles à la personne et au gouvernement de Napoléon III, multiplient les attaques contre le régime dans la presse d'opposition, libérée par la loi de 1868.

La guerre avec la Prusse, déclarée en juillet 1870, est marquée par le désastre de Sedan, le 2 septembre de la même année. Le roman se termine par une scène évoquant le départ des troupes vers le front.

- *Les chemins de fer*

Le réseau ferroviaire, depuis l'ouverture en 1837 de la première ligne Paris-Saint-Germain, et, en 1847, de la ligne de l'Ouest (celle du roman), reliant Le Havre et Rouen à Paris, s'est considérablement étendu sous le Second Empire. Les grandes gares sont construites[1], l'exploitation du réseau est confiée à six grandes compagnies privées : les Compagnies du Nord, de l'Est, de l'Ouest, de Paris-Orléans, la Compagnie du Midi et celle du Paris-Lyon-Marseille.

La vitesse des trains s'est sensiblement accrue depuis les origines. A l'ouverture de la ligne de l'Ouest, en 1847, le trajet Paris-Le Havre était effectué en 7 heures pour les trains de voyageurs et en 6 heures 30 pour les trains postaux de nuit.

Or l'express Paris-Le Havre, en 1869, dans *La bête humaine*, fait le trajet en 4 heures 35, comme il ressort des indications données aux chapitres 5 (p. 167), 7 (p. 241), et ailleurs (chap. 1, 2, 3, 10). On ne peut soupçonner Zola d'avoir adopté des horaires ou des vitesses fantaisistes. D'ailleurs, on sait que vers la fin du Second Empire certains trains pouvaient dépasser la vitesse de 100 km/heure, et que l'empereur Napoléon III fit le trajet Lyon-Marseille à cette vitesse.

---

1. La gare Saint-Lazare est la plus ancienne de Paris. Construite en 1838, agrandie successivement en 1843, 1854, 1867, elle sera entièrement refaite en 1886.

3 | Résumé

CHAPITRE I (pp. 27-62)

Février 1869. A Paris. Roubaud, sous-chef de gare au Havre, attend sa femme Séverine dans une chambre, impasse d'Amsterdam, près de la gare Saint-Lazare, prêtée par une collègue. Il a été convoqué par la Direction des chemins de fer de l'Ouest pour recevoir une semonce à la suite d'un incident avec un voyageur influent. Mais Séverine est la filleule du président de la Compagnie, Grandmorin, qui l'a élevée et la protège : la plainte du voyageur restera sans effet. Séverine a profité de ce voyage pour faire des courses, et tarde à rentrer. Roubaud trompe son impatience en observant de la fenêtre le trafic de la gare Saint-Lazare. A l'arrivée de la jeune femme, ils déjeunent, bavardent, et Séverine, évoquant son passé et les générosités de son tuteur à son égard, se trahit : Roubaud comprend alors qu'elle a été la maîtresse de son protecteur. Fou de jalousie rétrospective, il la brutalise, la contraint à avouer, et l'associe de force à son projet de vengeance : un mot écrit de la main de Séverine attirera Grandmorin dans le train qu'ils doivent reprendre pour Le Havre, et à bord duquel ils le tueront.

CHAPITRE II (pp. 63-98)

L'action se situe aux environs du carrefour appelé « la Croix-de-Maufras », situé entre les stations de Barentin et de Malaunay (voir schéma, p. 17). Dans ce coin perdu, sinistre, se

Ligne Paris-Le Havre

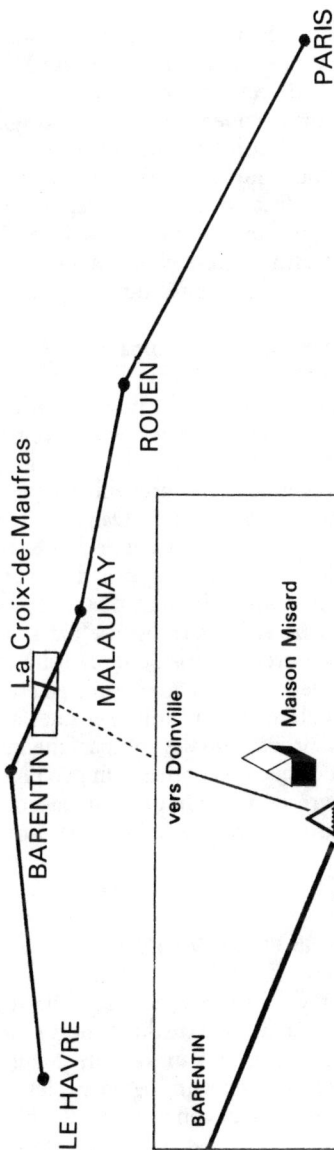

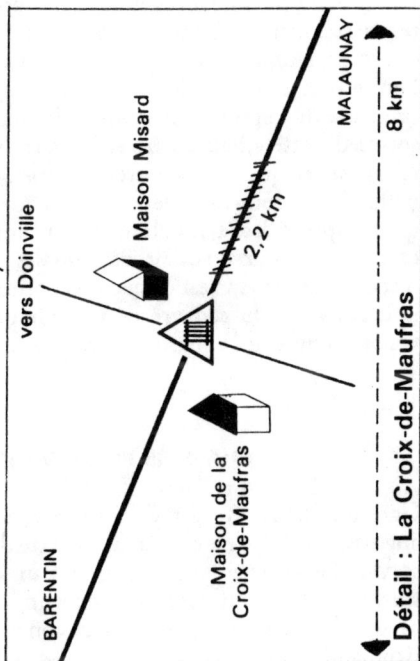

PARIS
ROUEN
MALAUNAY
La Croix-de-Maufras
BARENTIN
LE HAVRE

Détail : La Croix-de-Maufras

MALAUNAY
8 km
2,2 km
vers Doinville
Maison Misard
Maison de la Croix-de-Maufras
BARENTIN

trouve la maison abandonnée par le président Grandmorin après la mort suspecte d'une jeune fille, Louisette Misard ; cette maison est voisine de celle des parents de Louisette. Misard et sa femme Phasie occupent les fonctions de gardes-barrière. Dans ce coin solitaire, vivent également Flore, l'autre fille des Misard, qui supplée sa mère, devenue impotente, dans la surveillance de la voie, et Cabuche, un homme fruste habitant une cabane dans les bois, et que liait à Louisette une profonde affection. C'est chez Cabuche que la jeune fille est venue mourir des suites du viol dont elle a été victime.

Jacques Lantier, mécanicien à la Compagnie de l'Ouest, vient rendre visite à sa tante Phasie, qui l'a élevé après le départ de sa mère Gervaise pour Paris. Elle lui confie que son mari Misard cherche à l'empoisonner pour s'approprier un petit magot provenu d'un héritage, et qu'elle a caché. Flore, une belle fille forte et farouche, accueille Jacques avec tendresse, mais ce dernier semble l'éviter. De fait, lorsqu'au cours de leur promenade dans la nuit il se laisse aller à l'embrasser et sent la jeune fille offerte, pris du désir irrépressible de l'égorger, il s'enfuit. Il vient d'être repris par son mal, cette « fêlure » héréditaire transmise par sa mère, Gervaise, et qui chez lui prend la forme de la folie criminelle. Il erre épouvanté le long de la voie ferrée ; c'est alors que l'express de Paris débouche du tunnel, et que Jacques croit entrevoir en un éclair, dans un des compartiments, une scène de meurtre. C'est ce que lui confirme un peu plus tard la découverte du cadavre de Grandmorin sur la voie. Le jeune homme le contemple avec une fascination morbide.

CHAPITRE III (pp. 99-127)

Gare du Havre. Roubaud, comme si de rien n'était, mais angoissé dans l'attente de la découverte du crime, prend son service. Séverine et lui sont rentrés dans la nuit, et leurs voisins, les Lebleu, qui leur disputent un logement, les épient avec malveillance au retour de leur convocation disciplinaire. Roubaud, tendu, écoute à peine les propos de Pecqueux, chauffeur[1] de la locomotive, que conduit le mécanicien Jacques Lantier. Convoqué par le chef de gare dès la découverte du crime, le commissaire préposé à la surveillance questionne les éventuels témoins : les Roubaud, qui surmontent l'interrogatoire, et Jacques Lantier, qui évoque la scène entrevue et surprend, fixé sur lui, le regard implorant de Séverine : les aurait-il identifiés ?

CHAPITRE IV (pp. 129-165)

Rouen, Palais de justice. Denizet, juge ambitieux, instruit l'affaire dans un climat politique agité. Le Second Empire est en butte aux assauts des républicains à l'affût du moindre incident à l'approche des élections législatives. On accuse déjà la magistrature de complaisance et on jase sur les turpitudes sexuelles du président Grandmorin. Le juge se voit conseiller la prudence par le secrétaire général du ministère de la Justice, Camy-Lamotte.

Cependant, il flaire instinctivement une partie de la vérité, au cours des dépositions des Roubaud et de Jacques Lantier. Ce dernier a compris, à l'attitude angoissée du couple, que celui-ci est coupable, mais, par méfiance envers la justice ou par solidarité instinctive, il se tait. Denizet a également convoqué la famille du président Grandmorin : sa sœur, Mme Bonnehon, sa fille et son gendre, M. et Mme de Lachesnaye, qui laissent paraître leur rancœur à l'égard des Roubaud, s'estimant spoliés par le legs qu'a fait le président à Séverine. Mais Denizet, quoique arriviste et désireux de ménager des personnes influentes, ne les suit pas dans leurs soupçons et préfère s'intéresser à une autre piste : Cabuche, l'ami de Louisette, déjà condamné pour une rixe, aurait voulu venger la mort de la jeune fille. Sans alibi, et ne cachant pas sa haine à l'égard de la victime, il proteste en vain de son innocence.

---

1. Le **mécanicien** conduit la locomotive. Il est assisté par un **chauffeur**, chargé de l'alimentation de la chaudière en charbon. Les deux hommes forment une équipe affectée à une locomotive particulière, et sont responsables de son entretien. Les économies de charbon qu'ils peuvent faire leur donnent droit à une prime.

CHAPITRE V (pp. 167-203)

Séverine arrive à Paris à bord de l'express conduit par Jacques Lantier. Roubaud a demandé au jeune homme de l'accompagner, sous un vague prétexte : il s'agit en fait de le séduire et d'acheter son silence. Ils se promènent ensemble dans le quartier des Batignolles, et le jeune homme s'éprend peu à peu de Séverine. Tout en la croyant coupable, il lui promet son amitié et sa discrétion. Auparavant, la jeune femme a rendu visite à Camy-Lamotte, le secrétaire général du ministère de la Justice, pour lui demander sa protection et tenter de savoir où en est l'instruction. Sensible lui aussi à la séduction de Séverine, Camy-Lamotte conçoit malgré tout des soupçons, vite confirmés : il reconnaît l'écriture de la jeune femme dans celle du billet que l'on a trouvé dans les papiers de Grandmorin et qui fixait rendez-vous à ce dernier à bord du train. Le juge Denizet vient informer le secrétaire général des progrès de son enquête et lui affirme la culpabilité de Cabuche. Camy-Lamotte, sans lui révéler sa découverte, qui compromettrait la respectabilité du président Grandmorin, lui suggère de classer l'affaire, en lui faisant discrètement espérer une promotion. Le juge Denizet décide donc de conclure par un « non-lieu[1] ».

Avant de repartir pour Le Havre, Jacques inspecte sa machine, la Lison, qu'il aime et soigne comme un être vivant. Pendant le trajet Paris-Le-Havre, attentif à sa manœuvre, et l'esprit encore plein de Séverine, Jacques voit défiler le paysage, non sans éprouver, comme chaque fois, un indéfinissable malaise aux abords du carrefour de la Croix-de-Maufras.

CHAPITRE VI (pp. 205-239)

Le Havre. La vie a repris son cours. L'affaire Grandmorin est classée : personne n'a été inculpé. Les Roubaud entrent en possession de leur héritage et mettent en vente la maison de la Croix-de-Maufras. Ils tentent d'oublier leur crime :

---

1. Non-lieu : décision par laquelle une juridiction d'instruction déclare qu'il n'y a pas lieu de continuer les poursuites contre un inculpé.

lui, dans son travail, puis dans le jeu (cet employé, autrefois modèle, fuit son logis et passe ses soirées au café) ; elle, dans la paresse et les progrès de son intrigue avec Jacques Lantier. Le ménage s'est dissous : Roubaud est devenu indifférent à la conduite de sa femme ; il tolère l'amant qu'il a lui-même attiré. Séverine connaît dans les bras de Jacques la passion charnelle, et celui-ci se croit guéri de sa folie meurtrière.

Mais, un peu plus tard, une querelle oppose Roubaud et Séverine : à court d'argent, il a osé toucher aux objets et au portefeuille qu'ils avaient pris sur le corps de Grandmorin pour accréditer la thèse du crime crapuleux. Pleine de rancœur et de mépris, Séverine s'adonne à sa passion pour Jacques, qu'elle retrouve à Paris tous les vendredis.

CHAPITRE VII (pp. 241-276)

Entre Le Havre et la Croix-de-Maufras. L'express du vendredi à bord duquel est montée Séverine au Havre prend un difficile départ. Sous un ciel de neige, Jacques et son chauffeur Pecqueux conduisent la Lison qui peine, sous le froid et les rafales, au milieu d'un paysage fantastique. Ils la forcent pour monter les pentes, jusqu'au moment où elle s'arrête, prisonnière d'une barrière de neige située près de la Croix-de-Maufras. Les voyageurs se réfugient chez les Misard, et leur fille Flore surprend un baiser entre Jacques et Séverine. Elle en conçoit une violente jalousie. Une fois dégagé, le train repart pour Paris.

CHAPITRE VIII (pp. 277-309)

Paris. Le train ayant pris beaucoup de retard, Séverine ne repartira que le lendemain et passera la nuit avec Jacques dans la chambre de l'impasse d'Amsterdam. Les deux amants s'adonnent à leur passion, et Séverine, entraînée par ses souvenirs de la chambre, lui avoue les brutalités de Roubaud et lui raconte comment il l'a associée de force à son crime. Jacques, pris d'une curiosité morbide, l'interroge en détail sur le meurtre et les sensations qu'elle a éprouvées. Ses ins-

tincts se réveillent au point qu'il doit fuir la chambre pour
éviter d'égorger sa maîtresse. Il erre dans les rues, suivant
des femmes, attendant l'occasion de frapper. Puis, la crise
passée, il va retrouver Séverine, inconsciente de son mal et
du danger qu'elle vient d'encourir.

CHAPITRE IX (pp. 311-348)

Le Havre. Roubaud continue à jouer, indifférent à la liaison affichée de sa femme. Il puise dans l'argent du crime
pour payer ses dettes et Séverine lui fait de violents repro-
ches. Jacques, depuis la nuit de Paris, évite sa maîtresse, car
il se sent repris du vertige criminel qu'il n'oublie que sur
sa machine. Séverine voudrait profiter du logement recon-
quis sur les Lebleu pour recevoir plus facilement son amant.
Son mari lui devenant odieux, elle demande à Jacques de
le tuer. Ce dernier, bien que troublé par l'envie de meurtre, ne peut se décider à assassiner de sang-froid. Séverine,
déçue de ce qu'elle considère comme une lâcheté, s'éloigne
de lui peu à peu.

CHAPITRE X (pp. 349-387)

La Croix-de-Maufras. Phasie, femme du garde-barrière
Misard, est morte empoisonnée. Son mari cherche en vain
l'argent qu'elle avait caché. Flore, leur fille, a décidé de se
venger de Jacques et prépare le déraillement du train qui
emmène les deux amants. L'express arrive. C'est alors une
scène d'horreur et d'épouvante : wagons et voyageurs
broyés, chevaux éventrés... Flore et Séverine - qui est
indemne - retrouvent Jacques blessé sous les débris de sa locomotive. Reprenant conscience, le jeune homme n'a d'yeux
que pour la Lison, et repousse Flore avec horreur : il l'a aper-
çue au moment où elle obstruait la voie pour faire dérailler
le train. Comprenant qu'elle a tué pour rien, Flore se sauve
et erre dans la nuit, allant dans le tunnel se jeter sous un
train qui la broiera. On recueille son corps qui sera placé
à côté de celui de sa mère, tandis que d'autres trains passent, indifférents au drame.

CHAPITRE XI (pp. 389-421)

Séverine et Jacques se sont réfugiés dans la maison de la Croix-de-Maufras, où le jeune homme se remet du choc, soigné par Séverine et Cabuche. Mais le souvenir des crimes le hante, et, seul avec sa maîtresse, il appréhende le retour de ses terribles tentations. Un peu plus tard, au milieu d'une nuit passionnée, ils se décident à attirer Roubaud et le tuer. Le soir prévu pour le crime, dans la fièvre de l'attente auprès de Séverine dévêtue, Jacques est repris de sa folie et égorge la jeune femme. Il s'enfuit, et c'est Cabuche qui découvre le corps, à côté duquel Roubaud et Misard le surprennent, hébété.

CHAPITRE XII (pp. 423-462)

Trois mois plus tard. Cabuche a été arrêté, tandis que le véritable coupable, Jacques, n'a pas été découvert. Le juge Denizet, qui a été chargé d'instruire l'affaire, relie ce meurtre à l'assassinat de Grandmorin. Selon lui, Roubaud et Cabuche auraient été complices de ces deux crimes. Camy-Lamotte pourrait intervenir en produisant au juge Denizet la preuve qu'il détient (la lettre de Séverine attirant le président dans le train où il a été tué), mais il se tait par peur du scandale. En effet, le climat politique se dégrade, l'Empire chancelle, des menaces de guerre échauffent les esprits. Il faut un jugement rapide et exemplaire : les deux hommes seront condamnés aux travaux forcés à perpétuité.

Pendant ce temps, Jacques, comme libéré de sa hantise par son meurtre, a repris une vie normale. Il est devenu l'amant de Philomène, la maîtresse de Pecqueux, ce qui achève de ruiner l'entente des deux hommes. Pecqueux s'est remis à boire. Un soir, ivre et fou de jalousie, il prend son service à bord d'un train bondé de soldats partant pour le front. Jacques et lui en viennent à se battre, et tombent ensemble sous les roues. Le train fou continue sa course dans la nuit, devant l'affolement impuissant des hommes.

4 | Qui est la bête humaine ?

« Quant au titre, avoue Zola, il m'a donné beaucoup de mal. Je voulais exprimer cette idée : l'homme des cavernes resté dans l'homme de notre XIXe siècle. »[1]

Les nombreux titres envisagés se répartissent autour des thèmes suivants :
- la bestialité : « Le réveil du loup », « Les carnassiers », « Les fauves », « L'homme mangeur de l'homme », etc. ;
- la violence : « Détruire », « La soif de sang », « L'homicide », « Pour le plaisir » ;
- l'hérédité : « Le meurtre ancestral », « Né pour tuer », « L'ancêtre inconnu » ;
- le progrès : « Le monde en marche », « Sous le progrès », « Civilisation »...

Mais, en fait, dès les premières notes de son dossier préparatoire, Zola avait rencontré ce qui devait constituer son titre définitif : « Le chemin de fer comme fond, le progrès qui passe devant la **bête humaine** déchaînée. [...] C'est le progrès qui passe, allant au XXe siècle. »[2] L'image retenue prolonge et couronne toutes les métaphores animales que l'on rencontre dans les romans antérieurs de Zola, surtout *L'assommoir*. « La métaphore, écrit P. Bonnefis[3], emprunte à l'animal ce qu'il faut de griffes et de crocs pour illustrer expressivement ce jaillissement de la vie au plus intime de l'homme. On reconnaît là le thème de la bête humaine, le

1 et 2. Cité par H. Mitterand, *Les Rougon-Macquart*, Éd. de la Pléiade, tome IV, p. 1744, Éditions Gallimard.
3. Dans la revue *Europe* (1968), article intitulé : « Le bestiaire de Zola. »

plus persistant, le plus central des thèmes, dans la mesure où il rassemble autour de lui, comme de cruelles harmoniques, un faisceau d'images brutales. Tout se résume par l'action conjuguée de la ruse, du rut, de l'appétit et de la violence. »

La pluralité des sens du titre nous conduit naturellement, comme le désirait Zola, à différentes interprétations, non exclusives les unes des autres.

LA BÊTE HUMAINE : JACQUES LANTIER

Ses instincts poussent Jacques Lantier, contre sa volonté, à tuer les femmes qui lui cèdent. Pour lui, l'amour semble ne pouvoir se réaliser pleinement que dans la mort. Les symptômes de son mal lui sont bien connus : « Des morsures de feu, derrière les oreilles, lui trouaient la tête, gagnaient ses bras, ses jambes, le chassaient de son propre corps, sous le galop de l'autre, la bête envahissante » (p. 416). Car il est à la fois *bête qui chasse* : « Il obéissait à ses muscles, à la bête enragée » (p. 85), et *bête traquée* : sans possibilité de contrôle, il ne peut que fuir : « Il galopa au travers de la campagne noire, comme si la nature déchaînée des épouvantes l'avait poursuivi de ses abois » (p. 89). Mais cette fuite est inutile : s'il tentait d'« aller tout droit, plus loin, toujours plus loin, pour se fuir, pour fuir l'autre, la bête enragée qu'il sentait en lui, [...] il l'emportait, elle galopait aussi fort » (p. 89). Il se sent « terrifié de n'être plus lui, de sentir la bête prête à mordre » (pp. 326-327), la « bête carnassière » (p. 307).

Dans ses crises, le faciès de Lantier porte les signes de cette « sauvagerie qui le ramenait avec les loups mangeurs de femmes, au fond des bois » (p. 85). « [...] Sa mâchoire inférieure avançait tellement, dans une sorte de coup de gueule, qu'il s'en trouvait défiguré » (p. 414). Lorsqu'avec le meurtre de Séverine, l'instinct de mort s'est réalisé, Jacques, dégrisé, se sent comme dédoublé devant le corps de sa victime : « Il entendait un reniflement de bête, grognement de sanglier, rugissement de lion » (p. 418). Il a fini par céder à « l'hérédité de violence, [à] ce besoin de meurtre qui, dans les forêts premières, jetait la bête sur la bête » (p. 419).

LA BÊTE HUMAINE :
L'HOMME PRIMITIF

En chacun de nous, plus ou moins étouffé par la civilisation, se tapit un instinct de mort dont l'origine est incertaine ; Jacques, à plusieurs reprises, se pose cette question angoissée : « Cela venait-il donc de si loin, du mal que les femmes avaient fait à sa race, de la rancune amassée de mâle en mâle, depuis la première tromperie au fond des cavernes ? » (p. 86 ; même phrase p. 228 et p. 416).

Tout se passe en lui comme si cet être primitif, surgi dans les moments de crise d'origine sexuelle, agissait à sa place : « Ce n'était plus lui qui agissait, mais l'autre, celui qu'il avait senti si fréquemment s'agiter au fond de son être, cet inconnu venu de très loin, brûlé de la soif héréditaire du meurtre » (p. 303). Jacques perd le contrôle de ses gestes, de ses mains, « des mains qui lui viendraient d'un autre, des mains léguées par quelque ancêtre, au temps où l'homme, dans les bois, étranglait les bêtes » (pp. 300-301). En fait, le mal de Jacques participe de la violence animale, certes, mais aussi de la perversité humaine qui, pour certains êtres déséquilibrés, confond l'acte d'amour et l'acte de mort : « Posséder, tuer, cela s'équivalait-il, dans le fond sombre de la bête humaine ? » (p. 232). « Ainsi, écrit J. Borie[1], l'accomplissement de la virilité consiste à rejoindre un ancêtre et à le retrouver en soi, dans la violence assumée d'une pulsion héréditaire. »

Dès *Le roman expérimental*, Zola avait dénoncé ce fond d'animalité présent en tout homme : « Le terrible est que nous arrivions tout de suite à la bête humaine, sous l'habit noir comme sous la blouse. En haut, en bas, nous nous heurtons à la brute. » Et voici que, presque au terme de la série des Rougon-Macquart, il a décidé de fondre en un seul personnage les deux hérédités : celle de la tare familiale, qui trouve chez Jacques sa plus horrible expression, et l'atavisme primitif qui la double et peut-être en accentue les effets.

---

1. *Zola et les mythes*, Le Seuil, p. 46.

LES BÊTES HUMAINES : ROUBAUD, CABUCHE, FLORE, MISARD...

Il y a tout d'abord les *fauves* qui tuent.

Roubaud, ivre de jalousie, frappe pour « apaiser la bête hurlante au fond de lui » (p. 53). Séverine, épouvantée, le regarde « comme elle aurait regardé un loup, un être d'une autre espèce » (p. 54). Plus tard, la rivalité de Roubaud et de Jacques les assimile à deux fauves : « Est-ce que, dans les bois, si deux loups se rencontrent, lorsqu'une louve est là, le plus solide ne se débarrasse pas de l'autre, d'un coup de gueule ? » (p. 338). C'est que les conflits naissent entre mâles « se disputant la femelle » comme une « proie, qu'on emporte sur le dos » (pp. 86, 417). « Anciennement, quand les hommes s'abritaient, comme les loups, au fond des cavernes, est-ce que la femme désirée n'était pas à celui de la bande qui la pouvait conquérir ? » (p. 338).

Cabuche, qui présente les signes extérieurs d'animalité, parce que chez lui la société ne les a pas atténués, est capable lui aussi de violence : il a déjà tué dans une rixe et sous l'effet de l'ivresse : aussi sera-t-il le coupable tout désigné : « Il n'y avait qu'un assassin possible [...] cette bête brute » (p. 432), « ce loup-garou » (p. 348), « cette bête violente » (p. 436). Au procès, Cabuche apparaît tel qu'on se l'était imaginé : « des poings énormes, des mâchoires de carnassier » (p. 447). Lors de l'instruction, il avait eu beau se défendre, ses dénégations apparaissaient comme des sursauts, « un hérissement fauve de bête traquée » (p. 157). Cependant, cet être fruste est capable de tendresse : pour Louisette d'abord, pour Séverine ensuite ; alors sa physionomie prend une apparence inoffensive, celle d'un « bon chien qui se donne dès la première caresse » (p. 394). Cabuche sert Séverine « en chien fidèle » (p. 391 ; mêmes images pp. 157 et 398).

Flore, comme Cabuche, est un être sauvage et animal : « Elle avait relevé sa tête puissante, dont la toison blonde frisait très bas sur le front » (p. 80). Courant dans « les sentiers de ce pays de loups », refusant de se laisser approcher, « elle battait les mâles » (p. 354). Parfois elle s'en va par un sentier le long du tunnel, « en chèvre échappée de sa montagne » (p. 357), pour rendre visite à son ami Ozil. Chez elle aussi, la jalousie se transforme en « instinct sauvage de détruire » (p. 355). Elle décide alors la vengeance « irrévocable, le coup de patte de la louve qui casse les reins au passage » (p. 362).

A côté des fauves, le sournois **Misard** accomplit lentement son œuvre de mort. « C'est lui, confie Phasie à Jacques, qui me mange ! » (p. 67). Elle a de lui « une peur secrète grandissante, la peur du colosse devant l'insecte dont il se sent mangé » (p. 70). Il arrivera d'ailleurs à ses fins : « Il l'avait mangée [...] comme l'insecte mange le chêne » (pp. 349-350 ; *id.* p. 268). Il « était venu à bout de cette gaillarde, en insecte rongeur » (p. 396).

Les **autres personnages** du roman sont également, mais dans de moindres proportions, réduits à l'animalité : **Séverine**, plus féline que carnassière, « aurait voulu des sommeils de chatte » (p. 328). **Philomène**, maîtresse de Pecqueux, puis de Jacques, apparaît tantôt comme « une maigre chatte amoureuse » (p. 424), tantôt avec un « grand corps brûlé de maigre cavale » (p. 325 ; *id.* p. 109).

Il n'est pas jusqu'à la victime du premier crime, le **président Grandmorin**, qui ne soit une « bête humaine ». Malgré sa respectabilité de grand bourgeois, ses perversités ont causé la mort de Louisette, la souillure de Séverine. Aussi mérite-t-il l'injure de Roubaud qui crie en l'égorgeant : « Cochon ! cochon ! cochon ! » (p. 293). « Ah ! le cochon, c'est donc fini ! » crie-t-il après l'avoir « saigné » (p. 295).

Toutes ces violences bestiales donnent à la phrase désabusée de Phasie Misard sa pleine justification : « On va vite, on est plus savant... Mais les bêtes sauvages restent des bêtes sauvages » (p. 72). Le progrès n'a pas supprimé en nous le fond primitif de cruauté. D'ailleurs, l'image du train fou convoyant vers le front des soldats entassés « comme du bétail humain conduit à l'abattoir », « comme des moutons dans des wagons à bestiaux » (p. 457), n'est pas seulement un impressionnant effet de « fin ouverte », annonçant le désastre de Sedan[1], qui sera le sujet de *La débâcle*, en 1892. C'est aussi le symbole de la **bestialité collective** qui va trouver dans la guerre sa plus barbare expression. N'est-elle pas le fait de bêtes humaines, à la fois bourreaux et victimes ? L'hécatombe qui se prépare couronnera ce roman d'horreur et de sang.

LA BÊTE HUMAINE : DES MACHINES

Dès l'ouverture du roman, les locomotives sont assimilées à des êtres vivants : « On les entendait à peine s'activer, comme des ménagères vives et prudentes. [...] Une d'elles passa, [...] elle frôla une machine venue seule du Dépôt, en promeneuse solitaire [...], fraîche et gaillarde pour le voyage » (pp. 43-44).

Mais c'est le plus souvent sous la forme animale que le train apparaît dans le roman, tel celui qui, au dernier chapitre, privé de conducteur, s'emballe : « C'était le galop tout droit, la bête qui fonçait tête basse et muette, parmi les obstacles. Elle roulait, roulait sans fin, comme affolée de plus en plus par le bruit strident de son haleine » (p. 460). Car la monture « rétive, fantasque, [...] ainsi qu'une cavale indomptée encore » (p. 460), s'est transformée en véritable fauve : « Ainsi qu'un sanglier dans une futaie, [...] en bête aveugle et sourde qu'on aurait lâchée parmi la mort » (p. 461-462), le train fonce dans la nuit devant les regards terrifiés des hommes.

La Lison, surtout, mérite le nom de « bête humaine ». Elle a avec Jacques des rapports ambigus : tantôt elle est une femme, qui le calme « à l'égal d'une maîtresse apaisante » (p. 87) ; mais c'est le plus souvent sous la forme animalisée qu'elle figure dans le roman. C'est une jument de race que Zola désigne du nom noble et épique de « cavale ». Elle est

1. Défaite de la France face à la Prusse, entraînant la chute du Second Empire (2 septembre 1870).

fine, élégante ; Jacques la soigne avec amour, « de même qu'on bouchonne les bêtes fumantes d'une longue course » (p. 197). Elle lui est soumise : « Il la chevauchait à sa guise, [...] la traitait en bête domptée » (p. 201). Son agonie, à côté des chevaux broyés dans l'accident, est celle d'un bel animal : « Les roues en l'air, pareille à une cavale monstrueuse, [...] souillée de terre et de bave, elle toujours si luisante, vautrée sur le dos, [...] elle avait la fin tragique d'une bête de luxe qu'un accident foudroie en pleine rue » (p. 377)

Le rôle important que joue la Lison dans la vie de Jacques explique que ses pulsions criminelles triomphent de lui après l'accident de la locomotive, comme si l'équilibre qu'elle lui procurait avait disparu. Substitut de la femme, compagne fidèle et soumise, à la fois maîtresse et monture (Zola joue sans ambiguïté sur les deux registres), la Lison est, autant que son maître, une « bête humaine ».

Les personnages

LE SYSTÈME DES PERSONNAGES

Les relations qui unissent les différents personnages de *La bête humaine* ne sauraient trouver de meilleur symbole que la figure du triangle. Tous les rapports entre les acteurs du drame sont du même type : un couple dans lequel s'infiltre un élément étranger qui en détruit l'équilibre et l'harmonie :

- Le souvenir de Grandmorin ruine la confiance de Roubaud en Séverine et le transforme en meurtrier.

- Jacques Lantier, contre lequel se liguaient d'abord Roubaud et Séverine, pour « acheter » son silence, en devenant l'amant de la jeune femme, détruit le couple, prend la place de Roubaud, lequel devient à son tour l'ennemi à neutraliser.

- Flore, amoureuse de Jacques et jalouse de Séverine, décide de les séparer par la mort et provoque l'accident.

- Grandmorin, en violant Louisette, a privé Cabuche d'une amie, et provoqué sa haine.

- Pecqueux vit entre deux femmes : Victoire, à Paris, et sa maîtresse Philomène, au Havre.

- Si l'on considère - et ce n'est pas trahir l'intention de Zola - la Lison comme un personnage, on constate qu'elle forme, avec Jacques et Pecqueux, ce que le romancier appelle un « ménage à trois » (p. 424). À la « mort » de la Lison, l'entente entre les deux hommes se dégrade.

- Par ailleurs, Jacques, disponible après avoir tué Séverine, cède aux avances de Philomène, maîtresse de Pecqueux : celui-ci, ivre et fou de jalousie, agresse le jeune homme et tous deux luttent à mort sur le train (p. 460).

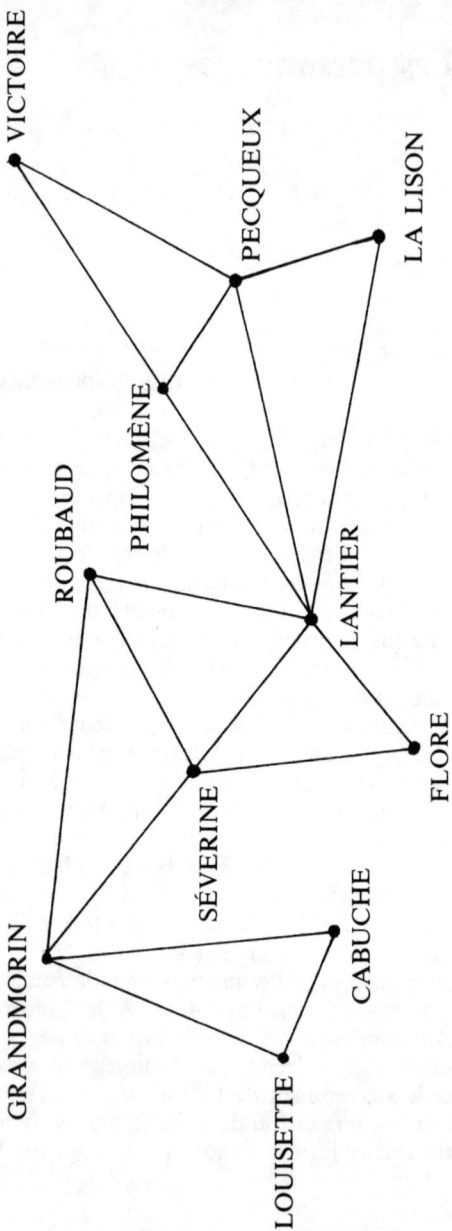

TABLEAU DES PERSONNAGES

LES PRINCIPAUX PERSONNAGES

• *Séverine*

Elle est au centre du drame. Son portrait physique la présente comme séduisante : « Dans l'éclat de ses vingt-cinq ans, elle semblait grande, mince et très souple, grasse pourtant avec de petits os. Elle n'était point jolie d'abord, la face longue, la bouche forte, éclairée de dents admirables. Mais, à la regarder, elle séduisait par le charme, l'étrangeté de ses larges yeux bleus, sous son épaisse chevelure noire » (p. 33).

Fine et fragile, elle a séduit Roubaud par son air de distinction, inné ou acquis peut-être au contact des grands bourgeois qui l'ont recueillie, elle, la fille de leur jardinier. Elle apparaît si différente des femmes de son milieu que Jacques lui-même l'a remarquée. Elle connaît son pouvoir sur les hommes et en joue volontiers, même avec Camy-Lamotte quand il s'agit de sonder ses soupçons. Elle-même, du moins avant sa liaison avec Jacques, a subi l'amour des hommes sans jamais avoir connu le plaisir. **Femme-enfant**, elle semble n'accorder aucune importance aux privautés de Grandmorin, ni aux étreintes de son mari. Mais la découverte de la passion entre les bras de Jacques va transformer cette femme soumise, passive, en femme avide d'amour, exigeante : elle prend les initiatives des rencontres et organise l'adultère ; après avoir été associée de force au premier meurtre, elle en prémédite un second, contre un mari qui maintenant l'encombre. Dans l'égoïsme de ses instincts, elle revendique son bonheur longtemps attendu : « En finir, recommencer, elle ne voulait que cela, au fond de son inconscience de femme d'amour, complaisante à l'homme, toute à celui qui la tenait, sans cœur pour l'autre qu'elle n'avait jamais désiré. On s'en débarrassait, puisqu'il gênait, rien n'était plus naturel ; et elle devait réfléchir, pour s'émouvoir de l'abomination du crime » (p. 413).

Car cette femme-enfant, qui est également **femme fatale** sans vraiment l'avoir voulu, déchaîne sur son passage les instincts de sexualité et de violence. Elle est un « instrument d'amour, instrument de mort » (p. 58). Mais rien ne semble la marquer : « De l'affreux drame, elle avait simplement gardé l'étonnement d'y avoir été mêlée ; de même qu'elle semblait être restée vierge et candide, au sortir des souillures de sa jeunesse » (p. 328 ; même idée p. 418).

Tout se passe comme si, en Séverine, l'instinct de bonheur, frustré jusqu'ici par les désirs égoïstes des hommes, devenait pour elle la seule loi. Ni scrupules, ni remords ne l'affectent. Elle paie de sa vie cette inconscience, victime de la fatalité qui retourne contre elle le bras qu'elle avait armé contre un autre.

• *Roubaud*

C'est peut-être lui que les événements vont transformer le plus profondément. Employé et mari modèle, il ne semble guère, au début du roman, promis à un tragique destin. Après un début de carrière sans éclat, il doit à la protection de Grandmorin de passer sous-chef de gare au Havre. « Il avait sans doute pour lui ses notes de bon employé, solide à son poste, ponctuel, honnête, d'un esprit borné, mais très droit, toutes sortes de qualités excellentes qui pouvaient expliquer l'accueil prompt fait à sa demande et la rapidité de son avancement. Il préférait croire qu'il devait tout à sa femme. Il l'adorait » (p. 32).

Plus âgé que Séverine (il a une quarantaine d'années), Roubaud porte sur son visage les signes de la violence et de la jalousie : « De taille moyenne, mais d'une extraordinaire vigueur, il se plaisait à sa personne, satisfait de sa tête un peu plate, au front bas, à la nuque épaisse, de sa face ronde et sanguine, éclairée de deux gros yeux vifs. Ses sourcils se rejoignaient, embroussaillant son front de la barre des jaloux » (p. 31).

La violence de Roubaud éclate lorsque Séverine s'est trahie et qu'il a deviné ses relations avec Grandmorin : « En trois ans, il ne lui avait pas donné une chiquenaude, et il la massacrait, aveugle, ivre, dans un emportement de brute, de l'homme aux grosses mains, qui, autrefois, avait poussé des wagons » (p. 47). Mais, lorsqu'il a décidé, très vite, de se venger et de tuer, ce violent se montre capable de sang-froid : c'est très méthodiquement qu'il prépare le crime, et imagine la meilleure manière d'affronter les interrogatoires.

C'est également pour assurer sa sécurité et celle de Séverine qu'il est amené à attirer Jacques vers la jeune femme car, assez paradoxalement, ce jaloux devient très vite un mari complaisant. Lui qu'une rage jalouse avait conduit à l'assassinat, en arrive, par peur d'être découvert, à pousser sa femme dans les bras d'un autre. Il semble d'ailleurs moins souffrir de l'infidélité physique de sa femme que de sa trahison : son ancienne complice l'a exclu de sa vie. La désunion s'est installée dans le couple, et, avec elle, l'ennui, le besoin qu'éprouve alors Roubaud de fuir son foyer où tout lui rappelle le drame. Aussi se réfugie-t-il dans les cafés où il dépense au jeu l'argent du ménage. C'est là une transformation notable, qui entraîne Roubaud plus loin encore : acculé par les dettes, ne va-t-il pas toucher à l'argent de sa victime, contre toute prudence ? Il semble cependant dépourvu de vrais remords : « Il avait eu seulement peur des suites. [...] A cette heure, il ne regrettait rien » (p. 214). En fait, il en vient même à se demander « si cela valait vraiment la peine de tuer. Ce n'était, d'ailleurs, pas même un repentir, une désillusion au plus, l'idée qu'on fait souvent des choses inavouables pour être heureux, sans le devenir davantage » (p. 215).

• *Jacques Lantier*

Héros principal de *La bête humaine*, destiné à être le type du meurtrier, porteur de la folie héréditaire, il est « construit » méthodiquement par le romancier. Zola a étudié soigneusement un ouvrage récent de pathologie criminelle : *L'homme criminel,* du docteur Lombroso (1887). Il en retient surtout l'analyse d'un cerveau livré à la folie homicide, au « vertige criminel épileptoïde ». Selon le docteur Lombroso, « les crimes les plus affreux ont un point de départ physiologique, atavique, qui peut s'émousser pour un temps dans l'homme grâce au milieu, à la crainte du châtiment, mais qui renaît tout à coup sous l'influence de certaines circonstances »[1].

Tel est le cas de Jacques. Il est le fils de Gervaise Macquart, héroïne de *L'assommoir*, abandonnée par son amant Lan-

1. Cité par H. Mitterand, *Les Rougon-Macquart*, Éd. de la Pléiade, tome IV.

tier avec ses fils. Elle épouse l'ouvrier Coupeau, mais l'alcoolisme fera sombrer le couple dans la misère et la mort. Confié jeune à sa tante Phasie, Jacques a suivi les cours des Arts et Métiers pour devenir mécanicien de première classe à la Compagnie de l'Ouest, où travaille Roubaud, et dont Grandmorin a été président. Il aime son métier de mécanicien, qui apporte un dérivatif à ses pulsions sauvages. Car il a souffert dès sa jeunesse, malgré une apparence saine et robuste, de troubles inquiétants : « Vrai ! lui demande Phasie, tout a disparu, cette douleur qui te trouait le crâne, derrière les oreilles, et les coups de fièvre brusques, et ces accès de tristesse qui te faisaient te cacher comme une bête, au fond d'un trou ? » (p. 74).

Porteur de la « fêlure héréditaire », Lantier « en venait à penser qu'il payait pour les autres, les pères, les grands-pères, qui avaient bu, les générations d'ivrognes dont il était le sang gâté, un long empoisonnement, une sauvagerie qui le ramenait avec les loups mangeurs de femmes, au fond des bois » (p. 85). Il ne peut prendre une femme dans ses bras sans éprouver l'irrésistible envie de l'égorger. Aussi fuit-il leur compagnie, et trouve-t-il en la Lison la compagne sans danger, le palliatif à ses pulsions meurtrières. « Quand elle l'emportait, dans la trépidation de ses roues, à grande vitesse, [...] il ne pensait plus, il respirait largement l'air pur qui soufflait toujours en tempête. Et c'était pour cela qu'il aimait si fort sa machine, à l'égal d'une maîtresse apaisante, dont il n'attendait que du bonheur » (p. 87).

Mais le destin le guette, et réveille en lui la folie meurtrière. C'est d'abord la découverte du corps mutilé de Grandmorin, et la fascination pour ce crime qu'un autre a osé accomplir. Puis, quand il se croit guéri par la possession de Séverine, la confession de la jeune femme, les détails qu'il lui arrache, l'émotion et le trouble qu'il ressent à ce récit, vont rouvrir « la fêlure » : Séverine a participé au crime : cela va-t-il la protéger ? Oui, tout d'abord : « Elle l'avait guéri, parce qu'il la voyait autre, violente dans sa faiblesse, couverte du sang d'un homme qui lui faisait comme une cuirasse d'horreur » (p. 228). Mais, ensuite, la jeune femme accumule inconsciemment les imprudences : elle lui réclame avec insistance de tuer pour elle ; elle lui arme le bras. Tout d'abord, le crime de sang-froid lui apparaît impossible : « Non, non, il ne frapperait pas ! Cela lui paraissait monstrueux, inexécutable, impossible. En lui, l'homme civilisé se révoltait. [...] Oui, tuer dans un besoin, dans un emportement de l'instinct ! Mais tuer en le voulant, par calcul et par intérêt, non, jamais, jamais il ne pourrait ! » (pp. 338-339). Lorsqu'enfin Séverine a décidé Jacques à attirer Roubaud et à le tuer, elle s'offre à ses yeux dévêtue, lui tend les bras ; et l'inévitable s'accomplit. Cet « autre » que Jacques porte en lui a frappé, et c'est au moment où enfin pour lui amour et mort se confondent, qu'il éprouve la pleine sensation de son existence, de sa virilité : « Une joie effrénée, une jouissance énorme le soulevait, dans la pleine satisfaction de l'éternel désir [...], un grandissement de sa souveraineté de mâle » (p. 418).

Comme Roubaud, comme Séverine après le meurtre de Grandmorin, son acte laisse Lantier dépourvu de regrets : « Depuis le crime, pas un frisson ne lui était venu, il ne songeait même pas à ces choses, la mémoire abolie. [...] Il n'avait ni remords, ni scrupules, d'une absolue inconscience » (p. 449).

• *Cabuche*

C'est un carrier (chargé du transport des pierres), qui vit dans une cabane au fond de la forêt de Brécourt, près de la Croix-de-Maufras. C'est chez lui qu'est venue mourir Louisette, victime des sévices de Grandmorin. Elle était la seule qui portât à ce solitaire, à cet être fruste et sauvage, un peu d'affection. Aussi est-il plein de haine pour le responsable de sa mort. Comme il ne cache rien de sa haine, il devient très vite le principal suspect, d'autant que ce violent a déjà tué en état d'ivresse. Son physique ne plaide guère en sa faveur : « La face massive, le front bas disaient la violence de l'être borné, tout à la sensation immédiate » (p. 157). C'est pour s'être trouvé par malheur par deux fois auprès des deux femmes victimes, Louisette et Séverine, dont il était d'ailleurs un peu amoureux, qu'on l'accusera d'avoir participé aux deux crimes.

Paradoxalement, c'est chez ce sauvage, cette « bête humaine », que se trouve peut-être la seule trace de véritable tendresse de tout le roman. Ainsi en témoigne son émotion à la découverte de Séverine égorgée : « Puis il aperçut le sang, il comprit, s'élança avec un terrible cri qui sortait de son cœur déchiré. Mon Dieu ! c'était elle, assassinée, jetée là, dans sa nudité pitoyable. Il crut qu'elle râlait encore, il avait un désespoir, une honte si douloureuse, à la voir agoniser toute nue, qu'il la saisit d'un élan fraternel, à pleins bras, la souleva, la posa sur le lit, dont il rejeta le drap, pour la couvrir » (pp. 420-421).

• Flore

Sœur de Louisette, fille des Misard, c'est une belle et forte jeune fille qui fuit tous les hommes, n'ayant de tendresse que pour Jacques auprès duquel elle a été élevée. « Blonde, forte, à la bouche épaisse, aux grands yeux verdâtres, au front bas [signe de bestialité qu'elle partage avec Roubaud et Cabuche] [...] elle n'était point jolie, elle avait les hanches solides et les bras durs d'un garçon » (p. 64). Sa force est légendaire, comme son caractère farouche : « Elle était vierge et guerrière, dédaigneuse du mâle » (p. 80).

Antithèse de la fine et passive Séverine qui, elle, se soumet aux hommes, Flore connaît la jalousie dans toute sa violence quand elle comprend que Jacques, autrefois comme elle dédaigneux de l'amour, l'a négligée pour une autre. « Elle était très fière, plus forte et plus belle que l'autre, convaincue de son bon droit à être aimée » (p. 354). Chez elle, l'idée du crime naît spontanément de cette évidence et de sa frustration : « Elle ne raisonnait pas, elle obéissait à l'instinct sauvage de détruire » (p. 355). Et sa vengeance est à la mesure de sa haine : « Quant aux autres, à ce flot continuel de monde, elle n'y songeait seulement pas. [...] Et cet écrasement d'un train, ce sacrifice de tant de vies, devenait l'obsession de chacune de ses heures, l'unique catastrophe, assez large, assez profonde de sang et de douleur humaine, pour qu'elle y pût baigner son cœur énorme, gonflé de larmes » (p. 355).

Flore est un personnage un peu à part dans le roman, dans la mesure où elle présente les caractéristiques d'une héroïne d'épopée : sa taille et sa force physique sortent de l'ordinaire ; sa violence et son courage l'apparentent aux figures féminines mythiques telles que les Amazones ou les Walkyries[1]. A plusieurs reprises, Zola évoque sa « taille haute et souple de guerrière blonde » (pp. 80, 82, 271, 354). On la voit soulever des charges énormes (p. 80). C'est cette force extraordinaire, encore décuplée par la rage de détruire, qui lui permet d'arrêter sur la voie l'attelage chargé de blocs de pierre, et de provoquer le déraillement : « Elle qui avait sa légende, dont on racontait des traits de force extraordinaires, un wagon lancé sur une pente, arrêté à la course, une charrette poussée, sauvée d'un train, [...] elle maintenait, de sa poigne de fer, les cinq chevaux, cabrés et hennissants dans l'instinct du péril » (p. 365).

C'est un autre colosse, ce train au-devant duquel elle avance dans le tunnel, qui la broiera : « Redressée dans sa haute taille souple de statue, balancée sur ses fortes jambes, elle avançait. [...] Et, dans l'épouvantable choc, dans l'embrassade, elle se redressa encore, comme si, soulevée par une dernière révolte de lutteuse, elle eût voulu étreindre le colosse, et le terrasser » (pp. 385-386).

1. Figures féminines guerrières des mythologies grecque et scandinave.

6 Les lieux dans le roman

Dans les romans de Zola, les lieux ne se réduisent pas à de simples décors. Ils participent très étroitement au destin des personnages et sont parfois intégrés avec un statut de forces agissantes au système narratif.

L'unité de lieu de *La bête humaine* est constituée par la ligne Paris-Le Havre, avec ses deux villes-terminus, une étape à Rouen pour l'enquête et le procès, et la portion de ligne Barentin-Malaunay où se consomme l'essentiel du drame (cf. p. 17, plan de la ligne Paris-Le Havre).

LES VILLES

• Le Havre

La ville est réduite à sa gare où vivent et travaillent les principaux personnages. Monde clos où se jouent les carrières, où se développent et s'enveniment les rivalités, cette gare intéresse surtout le romancier en tant que cadre de la vie quotidienne, alors que la gare Saint-Lazare est essentiellement évoquée du point de vue de l'atmosphère et du trafic parisien.

Démolie en 1884, elle a pu abriter l'action du roman qui se situe en 1869-1870, mais Zola ne l'a pas connue dans son état primitif. Il tient du témoignage d'un ancien cheminot la description de la cantine, de la salle des consignes, du dépôt, du dortoir. L'ensemble crie misère : « On distinguait [...] les murs lézardés, les charpentes noires de charbon, toute la misère caduque de cette bâtisse, devenue insuffisante » (p. 222).

Les logements sont l'enjeu d'âpres intrigues, tel celui que se disputent les Roubaud et les Lebleu, qui donne « sur la cour du départ, plantée de vieux ormes, par-dessus lesquels se déroulait l'admirable vue de la côte d'Ingouville... », tandis qu'« il y avait de quoi mourir d'ennui dans les autres, où l'on voyait à peine clair, le ciel muré comme en prison » (p. 112). La ville est séparée par un « éternel mur » du premier logement des Roubaud, et le sous-chef éprouve parfois le besoin, grimpant sur le toit, s'asseyant en haut du pignon, de voir « la ville étalée à ses pieds, les bassins plantés de la haute futaie des mâts, la mer immense, d'un vert pâle, à l'infini » (p. 209). Plus tard, après leur crime, lorsque Séverine et son mari sont sur le point d'obtenir enfin le logis convoité, ils n'y tiennent plus. Tout se passe comme si le couple désuni s'accommodait de l'obscurité abritant sa conscience criminelle : « Cette pente de zinc qui leur barrait la vue, ainsi qu'un mur de prison, au lieu de les exaspérer comme autrefois, semblait les tranquilliser, augmentait la sensation d'infini repos, de paix réconfortante où ils s'endormaient » (p. 207). Séverine, une fois le déménagement accompli, en vient même à regretter « son ancien trou, [...] où la saleté se voyait moins » (p. 347). Quant à Roubaud, « il ne semblait pas savoir qu'il eût changé de niche » (p. 347).

Noirceur et crasse, telle est l'ambiance où vivent les héros, que leur destin condamne à cet univers sinistre : les amours clandestines de Jacques et de Séverine ont pour cadre le décor du dépôt et de ses dépendances, « sorte d'immense terrain vague, encombré de voies de garage, de réservoirs, de prises d'eau, de constructions de toutes sortes » (p. 218). Il faudra toute l'ivresse de leur passion naissante pour qu'ils jettent un regard nouveau sur l'arrière-gare : « Ils avaient surtout trouvé un coin adorable [...], une sorte d'allée, entre des tas énormes de charbon de terre, qui en faisaient la rue solitaire d'une ville étrange, aux grands palais carrés de marbre noir » (p. 220). Mais c'est la remise à outils qui sera leur dérisoire refuge et abritera leur première étreinte.

• *Paris*

Comme Le Havre, Paris n'est dans le roman que le terminus de la ligne ferroviaire, et, mis à part les alentours de la gare Saint-Lazare que parcourt Séverine au chapitre IV, la ville n'est évoquée que depuis la fenêtre de la chambre de l'impasse d'Amsterdam, donnant justement sur la gare.

Cette chambre peut être considérée comme un lieu d'une extrême importance : d'abord, elle est le **lieu d'observation** à partir duquel le lecteur fait connaissance avec les voies, le trafic, l'ambiance (chapitre I). C'est pour le romancier l'occasion d'un reportage sur le milieu ferroviaire, mais il intègre comme toujours sa description à l'action en passant par le **point de vue** d'un personnage. C'est le regard professionnel de Roubaud qui suit les mouvements des différentes machines, apprécie la densité du trafic, repère les horaires. D'ailleurs, la notion de temps qui passe semble accrue par les différentes visions de la gare à différents moments de l'après-midi : on retrouve ici, d'une certaine manière, la technique des peintres impressionnistes, et notamment celle de Claude Monet, peignant la cathédrale de Rouen et la gare Saint-Lazare sous différentes lumières. En outre, les étapes successives de cette description qui forme l'ouverture du roman font apparaître progressivement l'âme de cet univers mécanique, d'où se dégage une âpre et prenante atmosphère.

Mais au niveau purement descriptif de ce reportage s'ajoute discrètement, de façon de plus en plus expressive, une coloration **affective** en harmonie avec l'état d'âme des personnages : inquiétude, rage violente, angoisse, se retrouvent dans le décor et la vie des choses ; lorsque Roubaud médite son projet criminel, on a l'impression de retrouver dans sa vision de la gare la confusion de ses pensées : « Sans cesse, des trains filaient dans l'ombre croissante, parmi l'inextricable lacis des rails. [...] C'était une confusion, à cette heure trouble de l'entre chien et loup, et il semblait que tout allait se briser » (p. 56). De même, lorsque Séverine, laissée seule, retourne à la fenêtre, le décor semble refléter son angoisse : « Dans la détresse affreuse de cette nuit qui tombait [...], cela était immense et triste, noyé d'eau, çà et là piqué d'un feu sanglant, confusément peuplé de masses opaques [...] et, du fond de ce lac d'ombre, des bruits arrivaient, des respirations géantes, haletantes de fièvre, des coups de sifflet pareils à des cris aigus de femmes qu'on violente... » (pp. 58-59). La fin du chapitre se charge même de signes prémonitoires de la violence qui se prépare : « On ne voyait de lui [le train], saignant comme des blessures ouvertes, que les trois feux de l'arrière, le triangle rouge » (p. 62).

La chambre est aussi un **lieu qui participe** à l'action : elle abrite et détermine les scènes clés du drame, puisque deux fois y germe le crime. Au chapitre I, Roubaud y contraint Séverine à avouer ses relations avec Grandmorin et à s'associer à son projet de meurtre. Au chapitre VIII, Séverine, qui y passe sa première nuit avec Jacques, comme entraînée par les souvenirs éveillés par la chambre, se livre aux aveux, mais spontanément et non sans complaisance : « Elle revivait malgré elle les heures qu'elle avait vécues là, avec son mari [...]. Une excitation croissante se dégageait des choses, les souvenirs la débordaient, jamais encore elle n'avait éprouvé un si cuisant besoin de tout dire à son amant, de se livrer toute » (p. 282).

Ainsi les deux confessions de Séverine, la première involontaire, la seconde volontaire mais déterminée en grande partie par l'atmosphère de la chambre, déclenchent le crime. Le lecteur, averti, lui, du réveil des instincts de Jacques, pressent qu'elle se désigne inconsciemment comme la prochaine victime.

LA LIGNE : LE PAYSAGE DE PARIS AU HAVRE

La ligne Paris-Le Havre et les paysages qu'elle traverse, l'express conduit par Jacques apparaissent plusieurs fois dans le roman, aux chapitres V, VII, X et XII. La description est toujours présentée par le relais du regard d'un des personnages.

Pour Jacques, ce qui compte surtout, ce sont les étapes qui jalonnent cette ligne, les difficultés qui peuvent surgir aux endroits critiques, plus que le paysage auquel le conducteur ne prête plus guère attention, pris tout entier par la surveillance de la voie : « Il n'y avait plus qu'un autre tunnel, celui du Roule, près de Gaillon, avant la gare de Sotte-ville, une gare redoutée, que la complication des voies, les continuelles manœuvres [...] rendent très périlleuse » (p. 201). Lors de la traversée dans la neige, le conducteur a perdu tous ses repères : « Dans cette tourmente, tout avait disparu, à peine pouvaient-ils, eux pourtant à qui chaque kilomètre de la route était si familier, reconnaître les lieux qu'ils tra-versaient » (p. 247).

Séverine, elle, toute à l'ivresse de sa liaison et de son éva-sion hebdomadaire, jette sur le paysage un regard attentif et chargé de tendresse : « Après Rouen, la Seine se dérou-lait. [...] Dès Gaillon, on ne la quittait plus, elle coulait à gauche, ralentie entre ses rives basses, bordée de peupliers et de saules. [...] Elle était comme la compagne amicale du voyage » (pp. 329-330).

LA CROIX-DE-MAUFRAS

C'est après un repérage minutieux du trajet Paris-Le Havre que Zola décide de situer son « carrefour des crimes » entre Barentin et Malaunay[1]. Il y a noté des éléments nécessaires à la fois à l'ambiance sinistre qu'il voulait créer et aux péri-péties spectaculaires qu'il avait envisagées avant même de commencer la rédaction du roman : un tunnel, un passage à niveau, une rampe enchâssée dans une tranchée, un pay-sage accidenté : bref, un lieu coupé du monde. Le paysage lui-même semble mort : « Les terrains, maigres, blanchâtres, restent incultes. [...] Les coteaux se succèdent, stériles, dans un silence et un abandon de mort » (p. 64). Les communi-cations très difficiles font de ce lieu un espace coupé de la vie, et que plusieurs fois désigne le mot « trou » : « On ne saurait imaginer un **trou** plus reculé, plus séparé des vivants » (p. 63). Phasie avait « la certitude de vivre et de crever dans ce **trou**, à mille lieues des vivants » (p. 68). « Marraine [lui

1. Barentin et Malaunay sont des lieux réels. La Croix-de-Maufras est un nom inventé par le romancier, qui aurait choisi pour première syllabe (*Mau*) une forme ancienne du mot « mal », utilisé dans la composition de termes péjoratifs.
Voir le schéma p. 17 et les notes de l'édition de la Pléiade, tome IV, p. 1760.
2. C'est nous qui soulignons.

dit Jacques], vous vous plaignez de ne jamais voir un chat, dans votre **trou**[2] » (p. 71).

La violence semble s'être concentrée en ce lieu de mort : viol et agonie de Louisette, découverte du corps de Grand-morin, empoisonnement de Phasie, déraillement du train, suicide de Flore, meurtre de Séverine. Jacques pressentait d'ailleurs le rôle que devait jouer dans son destin cette maison de la Croix-de-Maufras devant laquelle son express passait chaque jour : « Elle le hantait sans qu'il sût pourquoi, avec la sensation confuse qu'elle importait à son existence » (p. 78). Du plus loin, « ce fut [...] la brusque vision de la maison plantée de biais, dans son abandon et sa détresse, les volets éternellement clos, d'une mélancolie affreuse. Et, sans savoir pourquoi, cette fois encore plus que les précédentes, Jacques eut le cœur serré, comme s'il passait devant son malheur » (p. 202). Au moment du crime, il se rappelle « l'affreuse tristesse qu'il éprouvait chaque fois, le malaise dont elle le hantait, comme si elle se dressait à cette place pour le malheur de son existence » (p. 390).

A l'intérieur de la maison, la chambre du crime en porte déjà les signes : « Les rideaux **rouges** du lit, les tentures **rouges** des murs, tout ce **rouge** dont flambait la pièce. [...] Il regarda le soleil, le ruissellement **rouge** où il était » (p. 408). Après le meurtre, Jacques s'enfuit sans se retourner, car « la maison louche, plantée de biais au bord de la voie, restait ouverte et désolée derrière lui, dans son abandon de mort » (p. 420).

Non loin de la maison, le **tunnel** est aussi un lieu associé à la peur et à la mort. Il appartient d'ailleurs à la mythologie de Zola, pour qui c'était l'objet d'un cauchemar fréquent, transposé dans d'autres romans, comme *La faute de l'abbé Mouret* ou *Germinal*. Les trains et les hommes s'y enfoncent, ou en jaillissent, à la merci d'un écroulement possible qui les emmurerait. Dans sa crise du chapitre II, Jacques est sans cesse ramené vers la voie, prisonnier de ce « labyrinthe sans issue, où tournait sa folie » : « Il aperçut devant lui l'ouverture ronde, la gueule noire du tunnel. Un train montant s'y engouffrait, hurlant et sifflant, laissant, disparu, bu par la terre, une longue secousse dont le sol tremblait » (p. 84).

Séverine, au chapitre VIII, raconte à son amant que ce tunnel fut l'endroit choisi pour le meurtre de Grandmorin : « Sous le tunnel, le train courait... Il est très long, le tunnel. On reste là-dessous trois minutes. J'ai bien cru que nous y avions roulé une heure » (p. 293). Car les repères habituels disparaissent, et le vertige gagne ceux qui s'y aventurent, comme Flore qui aime à y jouer avec le danger : « Chaque fois, elle manquait de s'y faire broyer, et ce devait être ce péril qui l'y attirait, dans un besoin de bravade. [...] C'était la folie du tunnel, les murs qui semblaient se resserrer pour l'étreindre, la voûte qui répercutait des bruits imaginaires, des voix de menace, des grondements formidables. [...] Deux fois, une subite certitude qu'elle se trompait, qu'elle serait tuée du côté où elle fuyait, lui avait fait, d'un bond, changer la direction de sa course » (pp. 355-356). Aussi, est-ce en ce lieu qu'elle ira à la rencontre du train qui, dans un roulement de tonnerre, « ébranlant la terre d'un souffle de tempête », la projettera sur la voie (p. 385). Une lecture psychanalytique de Zola[1] assimile le train grondant au « fantasme d'un père vengeur et castrateur », tandis que le tunnel symboliserait ce que Zola lui-même appelle « le gouffre noir du sexe » : « Comme toujours, l'image est complexe et cristallise des significations multiples : le surgissement du train est inséparable du trou : trou noir du tunnel, trou plus vaste de la nuit. »

1. Jean Borie, *Zola et les mythes*, Éd. du Seuil, p. 187.

La bête humaine, roman du crime

UN ROMAN JONCHÉ DE CADAVRES

Quelle que soit la brutalité particulière à une grande partie de l'œuvre de Zola, c'est incontestablement dans *La bête humaine* que se concentrent les violences les plus nombreuses et les plus variées : Zola n'avait-il pas annoncé « un drame violent à donner le cauchemar à tout Paris »[1] ? De fait, dans presque chaque chapitre, un meurtre se prépare, s'accomplit ou se raconte. Comme autant d'étapes d'une ligne de mort, les crimes se succèdent.

• *Des crimes passionnels*

Le meurtre central est celui que commet Roubaud, aidé de Séverine, sur la personne du président Grandmorin. Il a pour mobile la jalousie rétrospective. Décidé en un moment, préparé en deux heures, il s'accomplit selon un scénario habilement conçu. Les circonstances aidant, il pouvait demeurer un crime parfait si un « fétu » n'avait enrayé la mécanique : la présence de Jacques au bord de la voie, au moment du meurtre.

C'est également la jalousie qui pousse Flore à provoquer le déraillement du train, pour tenter de supprimer Séverine ; c'est dans la rage d'avoir échoué qu'elle se suicide. Quant au viol de Louisette ayant entraîné sa mort, il pourrait également figurer dans la liste des crimes passionnels, si l'on

---

1. Cité par H. Mitterand, Éd. de la Pléiade, tome IV, p. 1721.

peut qualifier de passion les instincts pervers de Grandmorin. Enfin, la lutte à mort de Jacques et de Pecqueux au chapitre XII a elle-même pour mobile la jalousie.

• Un crime crapuleux

C'est lentement, méthodiquement, que Misard empoisonne Phasie, qui, malgré sa méfiance, ne peut échapper à la mort. Mais, suprême vengeance, elle emporte avec elle le secret de la cachette de son magot : « Il voulut planter son regard dans le regard fixe de la morte ; tandis que, du coin de ses lèvres retroussées, elle accentuait son terrible rire. [...] « Cherche ! cherche ! » (p. 351).

• Un crime atavique [1]

Ce crime est annoncé dès le second chapitre : il s'agit du meurtre de Séverine par Jacques. C'est peut-être le seul qui méritait les « circonstances atténuantes ». Car Jacques ne peut être considéré comme entièrement responsable de son acte : de même qu'il avait évité Flore, il fait tout, lorsque la confession de Séverine a réveillé ses tentations, pour fuir la jeune femme. Il faudra qu'elle-même crée les circonstances propices à la crise pour qu'il cède à ses instincts : semi-nudité, abandon, complicité de l'attente fiévreuse, sont les éléments déterminants du meurtre.

LE LEXIQUE DE LA VIOLENCE

Il n'est donc pas étonnant de relever dans *La bête humaine* une abondance de mots appartenant au vocabulaire de la blessure et de la mort. Un relevé exhaustif des termes désignant l'acte criminel (tuer, étrangler, égorger, « saigner », broyer, écraser, etc.) ou la blessure infligée (plaie, entaille, coup, trou, déchirure, etc.) serait une tâche de longue haleine. Nous nous contenterons d'indiquer que le mot « couteau » apparaît soixante-dix fois, et que plus nombreux encore sont les emplois du mot « sang ».

1. Entraîné par l'hérédité.

48

Au-delà même de la désignation des actions ou des objets, les mots sont employés souvent pour leur connotation de violence, et de nombreuses images symbolisent ou préfigurent les actes meurtriers. C'est ainsi qu'au chapitre I, la description des mouvements des trains se charge déjà des signes de mort[1] : « Cette tranchée large **trouant**[2] [...] le pont de l'Europe **coupait** [...] un grand signal **rouge tachait** le jour pâle [...] une **déchirure** se produisit [...] les fumées **déchiquetées** [...] **piqué** d'un feu **sanglant** [...] les **tronçons** de trains », etc. (pp. 27 à 59). La dernière image du chapitre est à cet égard très significative : « On ne voyait de lui [le train du crime], **saignant comme des blessures** ouvertes, que les trois feux de l'arrière, le triangle **rouge** » (p. 62).

De même, la chambre de l'impasse d'Amsterdam, au chapitre VIII, porte en elle les marques de la mort : les deux amants regardent au plafond le reflet « d'un rayon de poêle, une **tache ronde et sanglante** ». Cette tache semble s'agrandir, « **s'étendre comme une tache de sang** » (p. 284). Nous sommes aux frontières du fantastique : l'obsession criminelle déforme la réalité, crée des visions hallucinatoires : le crime est annoncé, inscrit, avant même d'être accompli.

TROP DE SANG ?

Les journaux à sensation de l'époque proposent aux goûts morbides d'un certain public le compte rendu circonstancié de nombreux crimes. En Angleterre, les sinistres exploits de Jack l'Éventreur (dont le prénom est peut-être à l'origine de celui du héros de *La bête humaine*) terrorisent Londres depuis deux ans. En France, plusieurs faits divers sanglants retiennent l'attention du romancier, lors de la constitution de son dossier préparatoire. Ce seront notamment l'affaire Fenayrou (où un couple de meurtriers avait tué l'amant de la femme), l'affaire Barème (un préfet mystérieusement assassiné dans un train), l'affaire Poinsot (meurtre d'un notable parisien, dont on ne retrouvera jamais le coupable). Ces mêmes journaux relatent les catastrophes ferro-

1. Voir ci-dessus, chap. VI, page 42.
2. C'est nous qui soulignons, comme dans les citations qui suivent.

viaires les plus horribles, et Zola les étudie soigneusement pour la préparation de l'accident qui doit être un des sommets dramatiques de son roman : l'accident de Cabbé-Roquebrune, près de Menton, en 1886, celui de Charenton, en 1881, furent les plus meurtriers.

Désireux d'exploiter au maximum les effets dramatiques de ces scènes de crime et d'accident, Zola accumule les détails horribles, au point de dépasser les normes du bon goût et de choquer plus d'un de ses contemporains. Mais c'est délibérément que Zola avait pris ce risque : « Ne pas oublier qu'un drame prend le public à la gorge. Il se fâche mais n'oublie plus. Lui donner, sinon toujours des cauchemars, du moins des livres excessifs qui restent dans sa mémoire. »[1] Déjà, *Thérèse Raquin* avait fait scandale. *La bête humaine* provoquera un tollé de protestations indignées : « Que de sang et d'horreurs ! » s'écrie un critique de l'époque[2]. « Jamais, attaque un autre[3], on n'avait autant massacré dans un seul volume ! Il n'est pas de personnage qui n'ait de sang aux mains. C'est un répertoire complet, un manuel de la tuerie et des façons de tuer de la bête humaine. »

A notre époque, les complaisances d'une presse à sensation prennent le relais, photographies à l'appui, des journaux populaires qui attiraient leurs lecteurs par des illustrations pleines de violence et de sang[4]. Les média nous ont habitués aux spectacles les plus cruels, et ils ont peut-être « désamorcé » les effets d'horreur tels que, par exemple, la description du cadavre de Grandmorin : « Sous le menton, la blessure bâillait, affreuse, une entaille profonde qui avait coupé le cou, une plaie labourée, comme si le couteau s'était retourné en fouillant » (p. 96) ; ou bien le tableau de Séverine égorgée : « Elle saignait beaucoup, d'un flot rouge qui ruisselait entre les seins, s'épandait sur le ventre, jusqu'à une cuisse, d'où il retombait en grosses gouttes sur le parquet » (p. 417). Aussi la critique d'aujourd'hui s'attarde-t-elle rarement à souligner de telles outrances, plus sensible à la force et même à la poésie qui se dégagent des passages les plus heureux du roman.

1, 2, 3. Cité par H. Mitterand, Éd. de la Pléiade, tome IV, p. 1748.
4. « Du sang à la une ! » criaient les marchands de journaux ambulants dans les rues de Paris pour attirer les clients.

Zola donne finalement à la peinture du monde judiciaire moins d'importance qu'il ne l'avait initialement prévu, préférant se pencher sur le crime que sur la découverte du crime et sa sanction.

Néanmoins, il eût été infidèle à la perspective de critique politique et sociale des « Rougon-Macquart » s'il n'avait, à l'occasion de l'instruction et du procès des meurtres de Grandmorin et de Séverine, dénoncé la dépendance de la magistrature à l'égard du Pouvoir sous le Second Empire, et démontré comment la justice sacrifiait souvent la vérité aux impératifs politiques et à un certain « ordre moral ».

• *Le contexte politique*

C'est dans le climat agité de l'ouverture de la session parlementaire de 1869 que se déroule l'instruction de l'affaire Grandmorin. Séances orageuses à la Chambre, campagnes de presse menées par les journaux républicains d'opposition exploitent le moindre incident : « D'une part, on laisse entendre que la victime, un familier des Tuileries[1], ancien magistrat, commandeur de la Légion d'honneur, riche à millions, était adonnée aux pires débauches ; de l'autre, l'instruction n'ayant pas abouti jusque-là, on commençait à accuser la police et la magistrature de complaisance » (pp. 129-130).

Les magistrats chargés des deux affaires tiennent compte du climat politique, encore plus troublé lors de l'instruction du meurtre de Séverine : en ce mois de juin 1870, l'agitation républicaine redouble, encouragée par les résultats des élections du mois de mai et le succès du plébiscite : ce plébiscite concerne les mesures libérales concédées par l'Empereur, sous la pression des républicains : la voie semble ouverte à de nouvelles revendications. En outre, la perspective d'une guerre contre la Prusse agite les esprits : « Depuis le succès bruyant du plébiscite, une fièvre ne cessait d'agiter le pays, pareille à ce vertige qui précède et annonce les grandes catastrophes » (p. 440).

1. C'est-à-dire du pouvoir : Napoléon III réside au palais des Tuileries.

• *Les magistrats*

Le juge d'instruction Denizet pense surtout à sa carrière et ne fera rien qui puisse contrarier ses supérieurs et nuire à son avancement. D'origine simple, il lui a fallu dix ans pour accéder à ce poste. Le gendre du président Grandmorin, Monsieur de Lachesnaye, grâce à sa naissance et à ses appuis, est déjà conseiller à la cour, à l'âge de trente-six ans, « tandis que lui, pauvre, sans protection, se trouvait réduit à tendre l'éternelle échine du solliciteur, sous la pierre sans cesse retombante de l'avancement » (p. 140).

C'est pourquoi l'aigreur et la rancune sociale, qui auraient pu pousser le juge Denizet à exploiter le scandale et suivre son intuition première (culpabilité de Roubaud), cèdent devant son ambition : « Il avait un si cuisant désir d'être décoré et de passer à Paris, qu'après s'être laissé emporter, au premier jour de l'instruction, par son amour de la vérité, il avançait maintenant avec une extrême prudence, en devinant de toutes parts des fondrières, dans lesquelles son avenir pouvait sombrer » (p. 130). Aussi comprend-il le chantage qui se cache derrière les belles paroles du secrétaire général de la Justice, Camy-Lamotte : « Voilà longtemps que nous suivons vos efforts, et je puis me permettre de vous dire que nous vous appellerions dès maintenant à Paris, s'il y avait une vacance » (p. 182). Naturellement, cette pression se déguise d'alibis moraux : « Aussi est-ce à votre conscience que je m'adresse. Je vous laisse prendre la décision qu'elle vous dictera, certain que vous pèserez équitablement le pour et le contre, en vue du triomphe des saines doctrines et de la morale publique » (p. 182).

Quant à Camy-Lamotte, c'est sans trop de scrupules qu'il se décide à ne pas révéler au juge Denizet la preuve qui confondrait les Roubaud pour le meurtre de Grandmorin. Il préfère le laisser s'enfoncer dans l'erreur judiciaire et envoyer au bagne, comme complice de Roubaud, l'innocent Cabuche. Car Denizet s'accommode très bien de l'explication permettant de sauver l'honorabilité de la victime, si bien que cet homme d'intuition s'aveugle finalement de certitudes rassurantes : « Telle était la vérité ! [...] Les preuves, du reste, ne manquaient plus, un ensemble écrasant. [...] La certitude éclatait, éblouissante... » (p. 440).

On ne peut s'empêcher, devant l'ironie et la sévérité du procès intenté par Zola au mécanisme judiciaire, de penser à l'attitude courageuse qui sera la sienne en 1897, lorsqu'une justice partiale et raciste aura envoyé au bagne comme traître le capitaine Dreyfus, officier d'origine israélite. L'article célèbre « J'accuse[1] », qui valut à Zola la condamnation et l'exil, participe du même engagement, quel que soit le régime en cause, le Second Empire ou la Troisième République.

---

1. Article de Zola publié en 1898 dans le journal *L'Aurore*. Le romancier dénonce la machination, livre au public les noms du traître et des officiers supérieurs ses complices.

Zola s'était défendu de consacrer au monde des chemins de fer la même attention documentaire que dans *Germinal* à celui de la mine. Il se reprochait d'« avoir trop abusé des machines ». Selon son projet, le rail ne serait qu'une « toile de fond » pour son roman du crime. Mais l'étude de ses dossiers préparatoires laisse apparaître l'intérêt progressif du romancier pour ce nouveau milieu : trafic, machines, conditions de vie et de travail du personnel ; rien n'est laissé de côté de ce qui peut authentifier ses personnages et introduire dans la fiction romanesque cet « effet de réel » qu'apportent les précisions sur la vie du rail : c'est la fonction **documentaire**. Mais le rôle des trains ne se borne pas là : véritable personnage ou force agissante, le train remplit également une fonction **narrative**. Enfin il représente la force aveugle et irrépressible du progrès, et possède donc une fonction **symbolique**.

FONCTION DOCUMENTAIRE :
LE MONDE DU RAIL SOUS LE SECOND EMPIRE

Le dossier préparatoire du roman accumule les notes relatives à la vie quotidienne, aux problèmes de logement, de carrière, d'horaire, de discipline, ainsi que sur le fonctionnement des machines. La source principale d'information du romancier est l'ancien ingénieur des chemins de fer, Pol Lefèvre, auteur lui-même d'un ouvrage technique sur le sujet. Par ailleurs, Zola, au cours de plusieurs visites, s'imprègne de l'atmosphère des gares. Il repère soigneusement, lorsqu'il fait le trajet, la portion de la ligne Paris-Le Havre où il situera tous ses crimes. Une autre fois, de Paris à Mantes, il partagera sur la locomotive les impressions du conducteur : « Le mécanicien ne regarde guère que devant lui ; à peine, de temps en temps, un coup d'œil, jeté à droite et à gauche. [...] Le coup de lumière saignante quand on ouvre la porte du foyer, le rayon lumineux enflammé qui traverse l'espace [...] enfin tout. »[1]

C'est grâce à cette documentation que l'histoire et les personnages de *La bête humaine* se détachent sur un fond de réel qui leur assure consistance et crédibilité. Mais à aucun moment le souci documentaire ne l'emporte sur les exigences romanesques : les descriptions de gares ou de machines s'intègrent toujours au récit par la technique du « point de vue » : le trafic de la gare vu par Roubaud, le fonctionnement ou l'accident de la Lison vus par Jacques, etc.

• *La vie des gares et le milieu cheminot*

Le premier chapitre est consacré à la description de la gare Saint-Lazare entre trois et six heures de l'après-midi. L'œil professionnel de Roubaud suit les manœuvres des différentes machines, les départs et les arrivées des trains dont les horaires sont connus de lui par cœur : « En bas, une machine de manœuvre amenait, tout formé, le train de Mantes, qui devait partir à quatre heures vingt-cinq. Elle le refoula le long du quai, sous la marquise, fut dételée » (p. 34). Le chapitre III, lui, présente la vie de la gare du Havre au petit matin : nettoyage des trains par l'équipe d'entretien, inspection, formation des convois, relais des équipes de nuit par celles de jour.

Le lecteur y fait connaissance de la microsociété constituée par le personnel des chemins de fer : chef de gare, souschef, commissaire de surveillance, caissier, ouvriers d'entretien, chauffeurs et mécaniciens (pp. 99 à 113 ; voir aussi chapitres VI, pp. 210 à 219 et IX, p. 312). Au chapitre II apparaît le petit monde des gardes-barrière, représenté par Misard

---

1. Notes de voyage, 1889. Cité par H. Mitterand, Éd. de la Pléiade, tome IV, p. 1775.

et sa famille. On suit le personnage dans ses tâches de surveillance : « Une sonnerie brusque lui fit jeter au-dehors le même regard inquiet. C'était le poste précédent qui annonçait à Misard un train allant sur Paris ; et l'aiguille de l'appareil de cantonnement, posé devant la vitre, s'était inclinée dans le sens de la direction » (p. 68).

• L'homme et sa machine

Mais l'intérêt du romancier se concentre surtout sur Jacques Lantier, mécanicien de la Lison, et son chauffeur Pecqueux (cf. ci-dessus, p. 32). Un rappel de sa carrière, au chapitre II, montre que l'intelligence de Jacques lui a permis de devenir très vite mécanicien de première classe, avec un bon salaire augmenté des primes de chauffage[1]. Ses collègues de rang inférieur sont d'anciens ouvriers ajusteurs formés par la Compagnie, alors qu'il a suivi les cours de l'École des arts et métiers. Il travaille en couple avec son chauffeur, Pecqueux, à qui son ivrognerie interdit l'accès au grade de mécanicien. « D'habitude, les deux hommes s'entendaient très bien, dans ce long compagnonnage qui les promenait d'un bout à l'autre de la ligne, secoués côte à côte, silencieux, unis par la même besogne et les mêmes dangers » (pp. 197-198).

L'entretien de sa machine est l'objet de soins vigilants de la part de Jacques Lantier. C'est une locomotive d'excellente qualité, qui « vaporise[2] bien grâce à l'excellent bandage de ses roues et au réglage parfait de ses tiroirs[3] » (p. 196). Parfois il s'inquiète d'une excessive consommation de graisse. « Il fit jouer les manettes, s'assura du fonctionnement de la soupape. Il monta sur le tablier[4], alla emplir lui-même les godets graisseurs des cylindres ; pendant que le chauffeur essuyait le dôme, où restaient de légères traces de rouille » (p. 198). Il la conduit avec l'aisance née d'une longue habitude : « Jacques, monté à droite, chaudement vêtu d'un pan-

---

1. Les mécaniciens touchaient des primes pour toute économie de charbon qu'ils faisaient en conduisant modérément et sans la surchauffer leur machine.
2. Une chaudière « vaporise » quand elle transforme l'eau chauffée en vapeur qui passe dans les pistons.
3. Les tiroirs commandent l'ouverture et la fermeture des pistons.
4. Le tablier est l'ensemble de passerelles permettant de circuler autour de la chaudière.

talon et d'un bourgeron[1] de laine, portant des lunettes à œillères de drap, attachées derrière la tête, sous sa casquette, ne quittait plus la voie des yeux, se penchait à toute seconde, en dehors de la vitre de l'abri, pour mieux voir. Rudement secoué par la trépidation, n'en ayant pas même conscience, il avait la main droite sur le volant du changement de marche, comme un pilote sur la roue du gouvernail ; il le manœuvrait d'un mouvement insensible et continu, modérant, accélérant la vitesse » (p. 200).

FONCTION NARRATIVE

Le train participe également à l'action, comme force agissante ou même comme personnage.

• *Force agissante*

Le train est lié au crime : soit qu'il l'abrite (comme la mort de Grandmorin par Roubaud), soit qu'il le détermine (c'est en voyant passer le train où il a entrevu l'assassinat que Lantier est repris de ses obsessions criminelles), soit qu'il en soit l'instrument direct, comme dans le cas du déraillement causé par Flore qui provoque la mort de nombreux voyageurs, ou encore dans celui du suicide de la jeune fille. C'est également à bord d'un train que Jacques et Pecqueux luttent à mort, à la fin du roman. Ce train, en outre, convoie des soldats au massacre de la guerre.

• *Personnage*

La locomotive prend le nom de « la Lison », nom d'une gare du Cotentin que Jacques a transformé en prénom féminin. Elle est pour lui un véritable être vivant. Ses qualités mêmes de machine s'expliquent par « l'âme, le mystère de la fabrication [...] la personnalité de la machine, la vie » (p. 196). Il « l'aime d'amour, en mâle reconnaissant, à l'égal d'une maîtresse apaisante » (p. 87). Car elle est un dérivatif à ses pulsions criminelles, lui procurant le vertige de la vitesse

1. Courte blouse portée par les ouvriers.

et l'oubli. Il forme avec elle un bon ménage : elle « lui gagne des sous »[1] lorsqu'elle ne se montre pas trop « gloutonne » en huile. Jacques lui pardonne cette « gourmandise » : « Il s'était résigné à lui tolérer cette passion gloutonne, de même qu'on ferme les yeux sur un vice, chez les personnes qui sont, d'autre part, pétries de qualités » (pp. 196-197).

FONCTION SYMBOLIQUE

• Le progrès

Les Romantiques avaient salué l'apparition du train, symbole du progrès en marche. Victor Hugo, naturellement visionnaire, l'avait transformé en bête monstrueuse : « Il faut beaucoup d'efforts pour ne pas se figurer que le cheval de fer est une bête véritable. On l'entend souffler au repos, se lamenter au départ, japper en route. »[2] Alfred de Vigny, lui, s'inquiète des risques de cette puissance incontrôlée :

« Sur ce taureau de fer qui fume, souffle et beugle,
L'homme a monté trop tôt. Nul ne connaît encor
Quels orages en lui porte ce rude aveugle... »[3]

On retrouve chez Zola le même symbole, orchestré en leitmotiv dans tout le roman : « Ça, c'était le progrès, tous frères, roulant tous ensemble, là-bas, vers un pays de cocagne » (p. 71). Dans sa marche aveugle, le train, comme le progrès, ignore les drames qu'il côtoie ou qu'il entraîne : « Et ça passait, ça passait, mécanique, triomphal, allant à l'avenir avec une rectitude mathématique, dans l'ignorance volontaire de ce qu'il restait de l'homme, aux deux bords, caché et toujours vivace, l'éternelle passion et l'éternel crime » (pp. 75-76). Jacques, à la fin du même chapitre, a devant le corps de Grandmorin une réflexion semblable : « Tous [les trains] se croisaient, dans leur inexorable puissance mécanique, filant à leur but lointain, à l'avenir, en frôlant, sans y prendre garde, la tête coupée à demi de cet homme qu'un autre homme avait égorgé » (p. 98). Le même leitmotiv apparaît à la page 387.

1. Voir note 1, p. 56.
2. *En voyage*, 1837.
3. *Les destinées*, 1864.

Car les trains sont rarement à l'arrêt, sauf quand la neige les bloque ou lorsque l'accident les foudroie. Ils passent, lancés à grande vitesse, devant les hommes figés par l'attente, la maladie ou la terreur. Le seul chapitre II est rythmé par le passage de huit trains, et les chapitres I, II, III, V, VI, X et XII se terminent par un départ de train. Mouvement des machines, immobilité de Phasie agonisante, empoisonnée par son mari, de Grandmorin égorgé : symbole de la dynamique de la civilisation confrontée à la barbarie millénaire dans laquelle ses instincts ancestraux de meurtre figent l'humanité : « Ah ! c'est une belle invention. [...] On va vite, on est plus savant... Mais les bêtes sauvages restent des bêtes sauvages, et on aura beau inventer des mécaniques meilleures encore, il y aura quand même des bêtes sauvages dessous » (p. 72).

Le Progrès, loin d'éliminer la barbarie, surenchérit parfois dans toute sa puissance meurtrière : « Qu'importaient les victimes que la machine écrasait en chemin ! N'allait-elle pas quand même à l'avenir, insoucieuse du sang répandu ? » (p. 461).

Mais le train symbolise également, comme une lecture psychanalytique le souligne avec justesse, « l'**Instinct de mort** »[1]. Le désir de meurtre se manifeste un peu comme l'approche d'un train : surgissement brusque, violence du bruit : « Une clameur de foule, dans son crâne, l'empêchait d'entendre » (p. 416). « On entendit le train [...] s'approcher avec un grondement qui grandissait » (p. 69). « Alors, il ne lutta plus [...] en proie à cette vision obstinée. Il entendait en lui le labeur décuplé du cerveau, un grondement de toute la machine » (p. 299). Pression de la machine surchauffée, pression de la folie montant dans le crâne du meurtrier, la violence couve et éclate, inéluctable. Jacques, pas plus que sa machine, n'a de véritable autonomie : le train fou du dernier chapitre (p. 460) est à l'image du criminel. Ce « train débridé, abandonné à lui-même » (p. 461), cette « bête aveugle et sourde qu'on aurait lâchée parmi la mort » (p. 462), n'est-ce pas la représentation du tueur, emporté de façon irrépressible par ses instincts que sa volonté ne contrôle plus ?

1. G. Deleuze, préface à *La bête humaine*, Éd. Folio, pp. 22-23.

Le roman s'ouvre et se ferme, ne l'oublions pas, par un départ de train porteur de mort[1] : derrière la symétrie de la construction se profile une très nette intention symbolique, et ce n'est pas par hasard que, au moment même où Jacques accomplit le geste meurtrier qu'il portait depuis si longtemps en lui, un train passe, couvrant la scène de son vacarme : « Avait-elle crié ? il ne le sut jamais. A cette seconde, passait l'express de Paris, si violent, si rapide, que le plancher en trembla ; et elle était morte, comme foudroyée dans cette tempête » (p. 417).

---

1. Voir p. 61 : « Une construction symétrique ».

La structure romanesque   9

UNE CONSTRUCTION SYMÉTRIQUE

Le roman se compose de deux parties égales de six chapitres chacune, représentant les deux étapes du destin de Séverine, qui la mène de Roubaud à Jacques (première partie, ch. I à VI), et de Jacques à la mort (deuxième partie, ch. VII à XII). Le roman se présente comme le parcours fatal d'un crime à l'autre : « Les deux meurtres s'étaient rejoints, l'un n'était-il pas la logique de l'autre ? » (p. 419).

Les deux chapitres extrêmes de *La bête humaine* (ch. I et ch. XII) se terminent sur la même image symbolique : celle d'un train de mort : « Quelques secondes encore, on put le suivre, dans le frisson noir de la nuit. Maintenant, il fuyait, et rien ne devait plus arrêter ce train lancé à toute vapeur... » (p. 62). De même, page 461 : « Il roulait, il roulait, dans la nuit noire, on ne savait où, là-bas. » Distribuées sur ce parcours, des scènes se font écho : l'assassinat de Grandmorin, entrevu (ch. II), et raconté (ch. VIII) ; l'aveu de Séverine à Roubaud (ch. I) et à Lantier (ch. VIII) ; les instructions des deux crimes à Rouen (ch. IV et ch. XII) ; les deux accidents de la Lison (ch. VII et ch. X).

LE RYTHME NARRATIF

L'action se déroule sur un peu moins de dix-huit mois, de la mi-février 1869 à la fin juillet 1870. Les deux parties du roman recouvrent des durées sensiblement différentes, puisque la première commence à la mi-février pour s'achever en décembre (soit dix mois et demi) ; la seconde commence

CHRONOLOGIE DES ÉVÉNEMENTS ET RYTHME NARRATIF

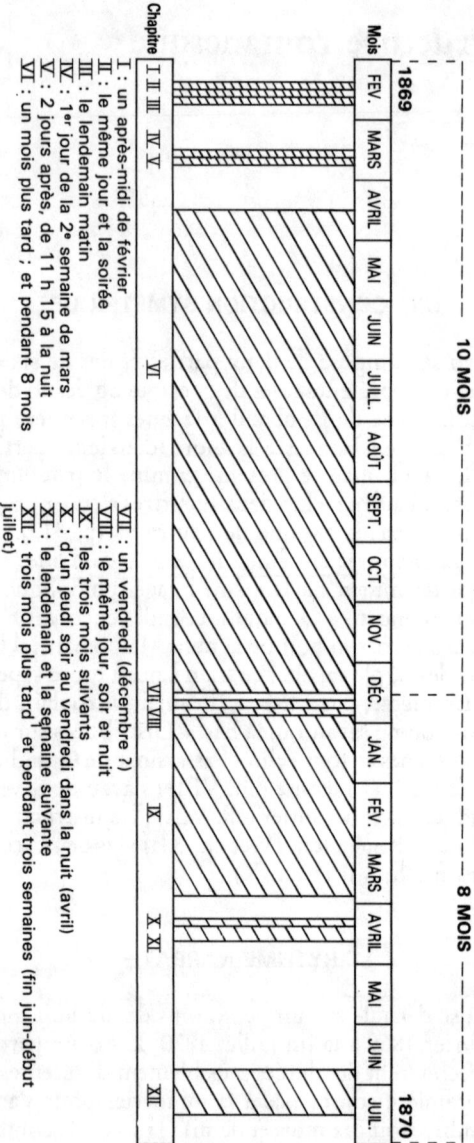

Mois	FÉV.	MARS	AVRIL	MAI	JUIN	JUILL.	AOÛT	SEPT.	OCT.	NOV.	DÉC.	JAN.	FÉV.	MARS	AVRIL	MAI	JUIN	JUIL.
1869																		1870

Chapitre : I II III — IV V — VI — VII VIII — IX — X XI — XII

I : un après-midi de février
II : le même jour et la soirée
III : le lendemain matin
IV : 1er jour de la 2e semaine de mars
V : 2 jours après, de 11 h 15 à la nuit
VI : un mois plus tard ; et pendant 8 mois

VII : un vendredi (décembre ?)
VIII : le même jour, soir et nuit
IX : les trois mois suivants
X : d'un jeudi soir au vendredi dans la nuit (avril)
XI : le lendemain et la semaine suivante
XII : trois mois plus tard[1] et pendant trois semaines (fin juin-début juillet)

10 MOIS --- 8 MOIS

1. Léger flottement : il est écrit au chapitre X « nuit d'avril » et au début du chapitre XII : « Trois mois plus tard, par une tiède nuit de juin. »

62

en décembre pour s'achever fin juillet (sept mois et demi environ). La narration fournit des repères assez précis pour que le lecteur puisse suivre la chronologie des événements. Parfois même, c'est d'heure en heure (chapitres I, X) que l'on peut suivre l'action.

Chacune des deux parties débute avec un rythme narratif très lent : l'action des trois premiers chapitres de la première partie se déroule sur vingt-quatre heures environ ; il en est de même pour les chapitres VII et VIII sur lesquels s'ouvre la seconde partie.

Certains chapitres, au contraire, ont un rythme narratif très rapide : ainsi les chapitres VI et IX recouvrent une action de plusieurs mois. Les indications temporelles deviennent plus floues : « une semaine après », « le mois suivant », etc. Il s'agit dans ce cas de rendre sensible l'usure du temps sur les personnages, la dégradation de leurs rapports, le pourrissement d'une situation.

Lorsque le rythme narratif est très lent, il s'agit de descriptions ou de scènes. Parmi les descriptions, on peut noter que celle de la gare Saint-Lazare occupe tout le premier chapitre, pour une durée de trois heures. Quelques scènes également sont relatées à une vitesse très lente : crise morale de Jacques (ch. II : une heure environ, évoquée en 7 pages), la Lison prisonnière de la neige (ch. VII : deux heures, 15 pages).

Mais l'épisode le plus significatif est celui de l'accident du train, au chapitre X. Le romancier y témoigne d'un art très sûr pour jouer avec le temps, dilater la durée, préfigurant certains effets cinématographiques comme celui du ralenti ou du faux raccord[1] : en effet, la durée « réelle » du choc de la Lison contre les blocs de pierres est de quelques secondes ; mais le lecteur a l'impression que le temps s'est figé : « Ce furent à peine dix secondes d'une terreur sans fin. [...] Pendant ce temps inappréciable, elle [Flore] vit très nettement Jacques, la main sur le volant du changement de marche. Il s'était tourné, leurs yeux se rencontrèrent dans un regard qu'elle trouva démesurément long » (pp. 365-366).

1. Procédé de montage utilisé notamment par S. M. Eisenstein (*Octobre, Potemkine*) pour donner l'illusion d'un mouvement interminable.

C'est aussi en jouant sur l'aspect des différents temps du passé que Zola donne toute son épaisseur à la narration : imparfait, passé simple, plus-que-parfait, les différentes actions de Jacques semblent se superposer : « Jacques, à ce moment suprême, [...] **regardait** sans voir. [...] Il **vit** tout, **comprit** tout. [...] C'était l'inévitable. Violemment, il **avait tourné** le volant du changement de marche » (pp. 367-368).

La scène est rapportée selon deux points de vue inverses : celui du conducteur, Jacques (p. 368), avec même un effet de retour en arrière sur le début de son voyage (p. 365), et celui des témoins et plus particulièrement de Flore, qui assistent du quai à l'accident (pp. 365-366).

Ce rythme narratif était une des grandes préoccupations du romancier : « Je voudrais que mon œuvre elle-même fût comme le parcours d'un train considérable, partant d'une tête de ligne pour arriver au débarcadère final, avec des ralentissements et des arrêts à chaque station, c'est-à-dire à chaque chapitre. »[1]

LES LEITMOTIVE

La récurrence[2] des mêmes formules, ou des mêmes thèmes, assimile *La bête humaine* à une œuvre musicale. « Ce que vous nommez répétitions se trouve dans tous mes livres », écrit Zola qui ajoute : « Il y a là quelque chose de semblable aux leitmotive de Wagner. »

Les deux leitmotive du roman sont ceux de la **bestialité** et du **progrès**.

- Le leitmotiv de la **bestialité primitive** est presque toujours lié au personnage de Jacques, et le plus souvent intégré au monologue intérieur de ce dernier, quand il sent venir ses crises de folie homicide révélant « une sauvagerie qui le ramenait avec les loups mangeurs de femmes, au fond des bois » (p. 85). Il s'interroge, angoissé : « Cela venait-il donc de si loin, du mal que les femmes avaient fait à sa race [...] depuis

---

1. Cité par H. Mitterand, Éd. de la Pléiade, tome IV, p. 1712.
2. Le retour régulier.

la première tromperie au fond des cavernes ? » (p. 86). (La même phrase est reprise textuellement pp. 228 et 416.) Des variantes du même thème apparaissent pp. 89, 302, 303, 419.

- On peut remarquer que le leitmotiv du **progrès** est presque toujours associé à la famille Misard. Immobilisés par leur fonction de gardes-barrière, et, en ce qui concerne Phasie, par la maladie qui la cloue à son fauteuil, ils voient défiler en permanence les trains, porteurs d'une foule indifférente aux drames qu'ils vivent : « De jour et de nuit, continuellement, il défilait tant d'hommes et de femmes. [...] Bien sûr que la terre entière passait là. [...] Ça, c'était le progrès, tous frères, roulant tous ensemble, là-bas, vers un pays de cocagne » (p. 71). Cette phrase de Phasie est reprise presque textuellement pp. 72 et 270. Mais la reprise par Misard et par Flore de ce motif obsessionnel (pp. 260, 350, 374) souligne leur solitude morale et l'inconsciente cruauté du monde moderne. Le désespoir de Jacques, terrassé au bord de la voie ferrée par sa crise morale (au chapitre II), est de même nature : « Ah ! oui, tout ce monde qui passait, le continuel flot, tandis que lui agonisait là ! » (p. 84).

Enfin le narrateur reprend lui-même le thème du progrès lorsqu'après avoir décrit les cadavres de Grandmorin et de Flore (chapitres II et X), il élargit sa vision : « Tous [les trains] se croisaient, dans leur **inexorable** puissance mécanique, filaient à leur but lointain, à l'avenir, en frôlant, sans y prendre garde, la tête coupée à demi de cet homme qu'un autre homme avait égorgé » (p. 98). « Ils passaient **inexorables**, avec leur toute-puissance mécanique, indifférents, ignorants de ces drames et de ces crimes » (p. 387).

LE RÉALISME DÉPASSÉ

En Zola, l'observateur méticuleux de la réalité se double d'un puissant visionnaire. Le souci constant d'**observation** et de **documentation** se vérifie dans les dossiers préparatoires de tous ses romans, et celui de *La bête humaine* ne manque pas à la règle[1].

Grâce aux détails vrais ainsi rassemblés, le romancier peut ancrer dans le réel ses personnages et donner ainsi plus de crédibilité à leur histoire. Les lieux et les objets sont décrits sans surcharge, mais avec ce qu'il faut de précision pour leur conférer immédiatement un caractère d'authenticité. Cette description, qui jamais ne prend la forme des « inventaires » balzaciens, ne sélectionne que les détails les plus significatifs, les plus chargés de cet « effet de réel » qui situe l'ambiance d'un lieu et d'un décor. Ainsi, au chapitre I, après une brève esquisse de la chambre de l'impasse d'Amsterdam, le romancier décrit les préparatifs du repas que prendront Roubaud et Séverine, complétant par ces détails les autres indices d'un milieu assez populaire. Au chapitre VI, il insiste surtout sur le dépôt de la gare du Havre, la cantine et le repas de Pecqueux (p. 225). Ces descriptions soulignent la laideur ou la misère des décors pour mettre en évidence l'emprise du milieu sur les personnages[2]. Il en est de même

---

1. Voir l'étude de H. Mitterand dans l'édition de la Pléiade, tome IV.
2. « Je définis la description, écrit Zola, un état du milieu qui détermine et complète l'homme » (*Le roman expérimental*).

pour les passages relatifs à l'appartement des Roubaud (chapitre II, p. 112 ; chapitre VI, p. 207).

Par ailleurs, dans ce roman sur les trains, la documentation technique assimilée permet à Zola de désigner par le terme juste les machines, les manœuvres, les gestes professionnels, en insérant ces précisions pour qu'elles apparaissent naturellement, dans la pensée ou les propos de ses personnages (voir pp. 34, 44, 198, 200-201).

Le même souci d'exactitude pousse le romancier à ne rien cacher de ce que la réalité peut avoir de trivial, de déplaisant ou même d'horrible. Nous avons vu (voir notre développement : « Trop de sang ? » p. 49) que le désir de tout montrer de cette réalité conduisait parfois Zola au-delà des limites du bon goût. Les réflexions de Misard après qu'il a empoisonné Phasie en sont un autre exemple : « Depuis qu'elle se doutait du coup, ce n'était plus dans le sel, c'était dans ses lavements qu'il mettait de la mort-aux-rats. [...] Il en ricanait comme d'une bonne histoire, de la drogue avalée si innocemment par le bas, quand elle surveillait avec tant de soin ce qui entrait par en haut » (p. 350 ; voir de même p. 351 la fouille du cadavre).

Cependant - et nul de ses contemporains ne s'y est trompé - l'imagination de Zola n'est en rien bloquée par ce réalisme. Parfois, de façon fulgurante, elle **transfigure le réel** en vision fantastique, en scène épique ou en tableau impressionniste. Il insistait d'ailleurs sur cet aspect essentiel de son talent, dans une lettre à son ami H. Céard (22 mars 1885) : « J'ai l'hypertrophie du détail vrai, le saut dans les étoiles sur le tremplin de l'observation exacte. La vérité monte d'un coup d'aile jusqu'au symbole. »

LA VISION FANTASTIQUE

L'imagination de Zola donne fréquemment à des lieux, à des machines, à des êtres, une présence inquiétante et souvent une puissance qui sort des normes du réel : ainsi l'alambic de *L'assommoir* ou le puits de mine du Voreux dans *Germinal* sont tous deux transformés en véritables monstres dévoreurs d'hommes.

- **Les trains** de *La bête humaine* apparaissent également parfois sous l'aspect d'êtres monstrueux et malfaisants, puissances des ténèbres associées aux éléments déchaînés : « Il passa comme en un coup de foudre, ébranlant, menaçant d'emporter la maison basse au milieu d'un vent de tempête » (p. 69). « Le train passait, dans sa violence d'orage, comme s'il eût tout balayé devant lui » (p. 75). « On l'entendit sortir du tunnel, souffler plus haut dans la campagne. Puis il passa, dans le tonnerre de ses roues [...] d'une force invincible d'ouragan » (p. 70). On retrouve les mêmes images pp. 87 et 90.

Le fanal de la locomotive devient œil géant, analogue à celui des Cyclopes[1]. Jaillie du tunnel comme d'une caverne, elle apparaît comme une puissance de destruction (pp. 90, 242, 247 et 385 : « L'effroyable grondement approchait, ébranlant la terre d'un souffle de tempête, tandis que l'étoile était devenue un œil énorme, toujours grandissant, jaillissant de l'orbite des ténèbres »).

Le réseau ferré lui-même devient un être monstrueux : « C'était comme un grand corps, un être géant couché en travers de la terre, la tête à Paris, les vertèbres tout le long de la ligne, les membres s'élargissant avec les embranchements, les pieds et les mains au Havre et dans les autres villes d'arrivée » (p. 75).

- **Les paysages** peuvent également se muer en espaces inquiétants, tel celui qu'a insensiblement métamorphosé la tempête de neige, au chapitre VII, enlevant à Jacques tous ses repères et le livrant, avec la Lison, à la nuit, qui favorise la montée de l'hallucination : « Ce n'était plus qu'une plaine rase et sans fin, un chaos de blancheurs vagues, où la Lison paraissait galoper à sa guise, prise de folie. [...] Ce qu'il s'imaginait distinguer, au-delà du pullulement pâle des flocons, c'étaient d'immenses formes noires, des masses considérables, comme des morceaux géants de la nuit, qui semblaient se déplacer » (p. 247). Il croit fuir dans un rêve, et son imagination peuple la nuit de « brusques étincelles sanglantes » (p. 244). Ce fantastique est très voisin de celui des contes

1. Personnages de la Mythologie grecque, associés aux activités souterraines et aux volcans dont leur œil unique représentait le cratère.

de Guy de Maupassant, contemporain et disciple de Zola, qui excelle à créer l'angoisse à partir d'une transformation progressive du réel (cf. *Sur l'eau, La nuit, La peur, Le horla,* etc.)

- **Certains êtres** mêmes sont dotés d'une présence inquiétante : le cadavre de Phasie semble railler une dernière fois les efforts désespérés de son assassin, Misard, à la recherche du magot. Cependant, à aucun moment le lecteur n'est tenté de donner au phénomène une explication surnaturelle : l'hallucination est bien celle de Misard lui-même. Mais les effets d'horreur sont saisissants : « Vainement, Misard, qui attendait près de son lit, avait essayé de lui fermer les paupières : les yeux obstinés restaient ouverts, la tête s'était raidie, penchée un peu sur l'épaule, comme pour regarder dans la chambre, tandis qu'un retrait des lèvres semblait les retrousser d'un rire goguenard » (p. 349). Lorsque Flore veille sa mère, le même tableau s'offre à elle : « Une rafale souffla, les murs tremblèrent, et sur le visage blanc de la morte, passa un reflet de fournaise, ensanglantant les yeux ouverts et le rictus ironique des lèvres » (p. 358).

LA SCÈNE ÉPIQUE

Nous avons déjà signalé (ch. V, p. 38) l'utilisation du registre épique à propos du personnage de Flore, assimilée à une « géante, une vierge guerrière ». Jacques, une seule fois dans le roman, au cours du chapitre du voyage dans la neige, est grandi à la dimension d'un chevalier héroïque en lutte pour un noble enjeu (la vie de Séverine), contre des forces surnaturelles (la neige, le froid, la nuit, ici terrifiante).

La Lison devient la « cavale » (c'est le terme épique désignant la monture du chevalier), qui participe à l'épreuve : « La Lison, avec cet homme accroché à son flanc, continuait sa course haletante, dans la nuit, parmi l'immense couche blanche. [...] Elle-même n'avait que des bordures d'hermine, habillant ses reins sombres » (pp. 246-252). Lorsqu'une barrière de neige lui fait obstacle, forcée par son cavalier, elle lutte de toute sa puissance : « Chaque fois, la Lison, raidissant les reins, buta du poitrail, avec son souffle enragé de géante » (p. 256).

Elle garde dans l'agonie et dans la mort (chapitre X) la même noble grandeur : « Semblable à une **cavale mons-trueuse** décousue par quelque **formidable** coup de corne [...], la Lison montrait ses bielles tordues [...], toute une affreuse plaie bâillant au plein air, par où l'âme continuait de sortir, avec un **fracas** d'enragé désespoir » (p. 369). « Son âme s'en allait avec la force qui la faisait vivante, cette haleine **immense** dont elle ne parvenait pas à se vider toute. La **géante** éventrée s'apaisa encore, s'endormit peu à peu d'un sommeil très doux, finit par se taire. Elle était morte. Et le tas de fer, d'acier et de cuivre, qu'elle laissait là, ce **colosse** broyé [...] prenait l'affreuse tristesse d'un cadavre humain, énorme, de **tout un monde** qui avait vécu et d'où la vie venait d'être arrachée, dans la douleur » (p. 377). On peut noter dans ce remarquable passage comment Zola joue sur le double registre du mécanique et du vivant, et utilise le lexique épique de la démesure (voir les termes que nous avons soulignés).

LES TABLEAUX IMPRESSIONNISTES

Les peintres impressionnistes, contemporains et amis de Zola, aussi sensibles aux beautés du monde moderne qu'à celle des paysages, ont consacré des tableaux aux trains et aux gares. Parmi eux, citons Cézanne, Manet, Pissarro, Caillebotte, et surtout Claude Monet, dont Zola était un fervent admirateur. Ses tableaux : *Le pont de l'Europe* (1877) (au-dessus des voies ferrées de la gare Saint-Lazare), *Le pont sur la Seine à Argenteuil* (1872) et *La gare Saint-Lazare* (1877) ont touché le romancier, qui écrit dans le journal *Le sémaphore de Marseille* : « On y entend le grondement des trains qui s'engouffrent, on y voit des débordements de fumée qui sortent de vastes hangars. Là est aujourd'hui la peinture, dans des cadres modernes d'une si belle largeur. Nos artistes doivent trouver la poésie des gares comme leurs pères ont trouvé celle des forêts et des fleuves. »[1]

Il proteste aussi : « Pourquoi trouver une gare laide ? C'est très beau, une gare ! »[2] Et, de fait, les jeux des fumées blan-

1. Cité par H. Mitterand, Édition de la Pléiade, tome IV.
2. Lettre à Paul Bourget, 1870.

ches et noires, la chute du jour sur la gare et ses environs, le mouvement permanent des formes vagues à l'arrière-plan composent un véritable tableau.

Zola, après Monet, excelle à dégager la beauté de cet univers de machines. Les images (comparaisons, métaphores[1]) s'accumulent, dont le poète joue comme un peintre des couleurs : « Il vit alors déborder du pont cette blancheur qui foisonnait, tourbillonnante **comme un duvet** de neige, envolée à travers les charpentes de fer [...] tandis que les fumées accrues de l'autre machine élargissaient leur **voile noir** » (pp. 28-29). « Une **cendre** crépusculaire, **noyant** les façades, semblait tomber déjà sur l'**éventail** élargi des voies. [...] Par-delà les **nappes** sombres des grandes halles couvertes, sur Paris obscurci, des fumées rousses, **déchiquetées**, s'envolaient » (p. 44).

Le chapitre VII est également chargé d'images saisissantes. La Lison dans la neige est assimilée à un navire dans la tempête : « La machine filait comme un **paquebot**, laissant un **sillage** » (p. 251). « Les vastes champs plats [...] n'étaient plus qu'une **mer** blanche, à peine renflée de courtes **vagues**, une immensité blême et tremblante » (p. 249). « Il sembla qu'elle allait s'immobiliser, ainsi qu'un **navire** qui a touché un **banc de sable** » (p. 252). L'ensemble du chapitre VII est un tableau de blancheur : toutes les nuances sont juxtaposées : « La lumière éclatante du fanal était comme mangée par ces épaisseurs **blafardes** qui tombaient » (p. 243). « La voie apparaissait sous une sorte de **brouillard laiteux** » *(ibid.)*. « Maintenant, le jour se levait, très **pâle** ; et il semblait que cette lueur **livide** vînt de la **neige** elle-même » (p. 249). « A peine en distinguait-on la **pâleur** au ciel, dans l'immense tourbillon **blanchâtre** qui emplissait l'espace » (p. 248).

Certes, de tels tableaux sont rares dans ce roman chargé d'action et de violence. Mais ils témoignent du regard d'artiste que Zola savait jeter sur les choses, lorsqu'il entendait s'échapper de l'univers oppressant qu'il avait choisi de décrire.

---

1. La métaphore est une comparaison elliptique qui supprime soit l'élément de liaison, soit le comparant, soit le comparé (on dira par exemple : « C'est un lion » pour dire de quelqu'un qu'il a la force d'un lion).

11 | Le sens de l'œuvre

LES LIMITES DU SCIENTISME

On a pu railler l'utilisation systématique et souvent abusive que faisait Zola de théories scientifiques, en prétendant les appliquer au roman. La nature impose au savant les faits qu'il observe et dont il tire les lois : le romancier, lui, est maître de ses personnages, et « l'expérience » est donc truquée au départ. Les lois de l'hérédité sont moins déterminantes que le romancier a voulu le croire, et déjà ses contemporains remettaient en question le principe de base de la série des Rougon-Macquart, en en dénonçant les « a priori » : « Vous choisissez un caractère, ou, comme vous dites, un tempérament ; vous voulez en démonter et remonter le mécanisme [...] ; vous éliminez de votre roman expérimental ce qu'il y a peut-être de plus intéressant pour l'homme, et de plus vivant, au plein sens du mot, à savoir : la tragédie d'une volonté qui pense. »[1] Zola lui-même reconnaissait ce qu'il y avait d'aventureux dans sa méthode : « La science n'est pas encore assez avancée pour qu'on puisse déterminer tous les éléments dont se compose l'homme. Il reste au fond de la cornue des matières difficiles à analyser. A force de patience nous y parviendrons sans doute un jour. Ne nous hâtons pas de conclure avec des données incomplètes. »[2]

1. F. Brunetière, cité par H. Bornecque et M. Cogny, dans *Réalisme et Naturalisme*, Éd. Hachette, p. 60.
2. *Ibid.*, p. 104.

En 1893, il faisait honnêtement le point sur son œuvre :
« Nous n'avons juré que par la science, qui nous envelop-
pait de toutes parts ; nous avons vécu d'elle, en respirant
l'air de l'époque. A cette heure, je puis même confesser que,
personnellement, j'ai été un sectaire, en essayant de trans-
poser dans le domaine des lettres la rigide méthode du
savant. »[1]

Mais, même si, au nom du déterminisme rigoureux de
l'hérédité, Zola condamne d'avance Jacques Lantier à tuer,
sans échappatoire possible, même si l'explication et la description de ses crises et de ce que Zola appelle indifféremment « fêlure » ou « névrose », peuvent apparaître sommai-
res ou dépassées au regard de la psychiatrie moderne, la vérité
et l'intensité dramatique de ses luttes intérieures n'en sont
pas pour autant altérées. L'art de Zola aura été, entre autres,
de dépasser les limites d'une théorie trop contraignante pour
la création romanesque qui resta son souci essentiel : « Ai-
je donné mon souffle à mes personnages, ai-je enfanté un
monde, ai-je mis sous le soleil des êtres de chair et de sang,
aussi éternels que l'homme ? Si oui, ma tâche est faite, et
peu importe où j'ai pris l'argile. »[2]

UNE ŒUVRE PESSIMISTE

La bête humaine est indiscutablement un des romans les plus
noirs de Zola. La **violence** et la **mort**, nous l'avons vu, sont
omniprésentes. Le roman ne compte pas moins de sept
morts violentes, auxquelles s'ajoutent celles que provoque
l'accident du train, au chapitre X, et que provoquera sans
doute le déraillement qui guette la machine lancée sans conducteur à la fin du dernier chapitre.

Les personnages sont habités par les **passions** et les **vices** :
jalousie féroce, rapacité sournoise, débauche, folie homicide,
hypocrisie. Nulle pitié, nul remords n'attendrissent les

1. *Ibid.*, p. 113.
2. Réponse à G. Deschamps (1896), citée dans *Réalisme et Naturalisme*, Éd. Hachette,
p. 119.

meurtriers, qui souffrent eux-mêmes une véritable agonie morale, comme Flore (au chapitre X) ou Jacques Lantier, tout au long du roman.

Car la **fatalité**, celle de l'hérédité ou celle du milieu et des circonstances, les prive de leur liberté. Jacques Lantier, surtout, assume le poids de la « névrose héréditaire ». Aucune de ses fuites ne l'en débarrassera : « Obscurément, cela avait germé, avait grandi en lui ; pas une heure, depuis un an, sans qu'il eût marché vers l'inévitable » (p. 419).

La **société** est, elle aussi, corrompue : arrivisme, débauche, chantage, sont le fait des notables ; cupidité, mesquinerie, envie, celui du menu peuple. La justice elle-même n'est qu'une comédie : on enverra un innocent au bagne pour sauver la respectabilité d'un grand bourgeois et protéger le Pouvoir.

Le **Progrès** lui-même, dont on pouvait attendre qu'il fût un facteur de solidarité et de bonheur, n'est qu'un leurre. Les trains, qui le symbolisent, sont tous associés à la violence. « Inexorables » (le mot revient trois fois), ils foncent vers un avenir symbolisé par la nuit sombre (ch. I, II, X et XI).

La dernière phrase du roman reprend les différents messages pessimistes de l'ouvrage : fatalité obscure, instincts débridés, cruauté individuelle ou collective, ravages de l'alcool : « Sans conducteur, au milieu des ténèbres, en bête aveugle et sourde qu'on aurait lâchée parmi la mort, elle roulait, chargée de cette chair à canon, de ces soldats, déjà hébétés de fatigue, et ivres, qui chantaient » (pp. 461-462).

Ne nous y trompons pas : le dernier mot n'est pas une note d'espoir : il est l'expression d'une profonde dérision, et nous sommes loin des promesses d'avenir lumineux de *Germinal*. Il faudra attendre *Le Docteur Pascal*, qui sert, nous l'avons dit, de conclusion à la série des Rougon-Macquart, pour trouver - ou retrouver - un Zola confiant en l'homme et dans le Progrès : « Le mal n'était qu'un accident, encore inexpliqué ; l'humanité apparaissait, de très haut, comme un immense mécanisme en fonction, travaillant au perpétuel devenir. »[1]

---

1. *Le Docteur Pascal*, Éd. de la Pléiade, tome V, p. 1210.

« LA BÊTE HUMAINE » ET LES LECTEURS D'AUJOURD'HUI

Un siècle nous sépare de ce roman. Familiarisés avec les trains à grande vitesse, pouvons-nous encore considérer l'express du Havre comme un « monstre dévorant » ? Cernés d'horreur par les média, frémirons-nous comme les contemporains de Zola aux scènes de violence ? A la lumière des données de la psychanalyse moderne, si superficielle qu'en soit notre approche, trouverons-nous crédible cette étude de la pathologie d'un criminel ? Mais malgré la distance critique qu'impose à notre lecture ce décalage d'un siècle, si nous consentons à nous laisser emporter par cette belle et sombre histoire, nous pourrons découvrir en Zola « le poète du fond ténébreux de l'homme »[1].

1. J. Lemaître, *Le Figaro*, 8 mars 1890.

Bibliographie et filmographie sommaires

1. Manuscrits et dossiers préparatoires, Bibliothèque Nationale, Département des manuscrits.

2. Éditions de référence

Les Rougon-Macquart, Édition intégrale, Paris, Gallimard, Collection de la Pléiade en cinq tomes. Notes et présentation de H. Mitterand.
La bête humaine, Collection Folio. Préface de G. Deleuze. Notes de H. Mitterand.

3. Ouvrages généraux

Deux études claires et d'abord facile. Nombreuses références.
P. Martino, *Le Naturalisme français*, Éd. A. Colin, Collection U 2.
H. Bornecque et M. Coigny, *Réalisme et Naturalisme*, Éd. Classiques Hachette.

4. Ouvrages sur Zola

M. Bernard, *Zola par lui-même*, Éd. du Seuil (1969). Étude de la vie et de l'œuvre de Zola. Nombreux extraits de romans et de sa correspondance.
A. Dezalay, *Lectures de Zola*, Éd. A. Colin, Collection U 2. Intéressant recensement des « lectures » de Zola depuis un siècle. Présentation très claire des différents points de vue critiques.
J. Borie, *Zola et les mythes, ou de la nausée au salut*, Éd. du Seuil (1971). Intéressante interprétation psychanalytique à travers les thèmes dominants de l'œuvre.
J. Fréville, *Zola, semeur d'orages*, Éd. Sociales (1952). Étude marxiste de l'engagement de Zola dans son œuvre.
C. Becker, *Les critiques de notre temps et Zola*, Éd. Garnier (1972). Très intéressant choix de textes.

5. Articles ou communications sur plusieurs aspects de l'œuvre de Zola

Revue *Europe*, n° spécial novembre/décembre 1952 : A. Dezalay, « Les entrées en matière chez Zola » ; S. Rossat-Mignot, « L'évolution des théories de Zola ».
Revue *Europe*, n° spécial janvier/mars 1968 : P. Bonnefis, « Le bestiaire de Zola » ; A. Dezalay, « Le thème du souterrain » ; H. Guillemin, « Le sens de l'œuvre » ; H. Mitterand, « Le regard d'E. Zola » ; J. Rostand, « L'œuvre de Zola et la pensée scientifique ».

6. Filmographie

La bête humaine, de Jean Renoir, 1938. Excellente adaptation du roman, transposé à l'époque contemporaine. Film réalisé à l'époque du Front populaire. Renoir reconstitue avec soin et tendresse l'univers des cheminots.
L'ouverture du film est une superbe séquence-poème du rail. (Avec J. Gabin, Carette, F. Ledoux, S. Simon.)
La bête humaine, de Fritz Lang, 1954. (Avec Glenn Ford, Gloria Graham, B. Crawford.)

7. Enfin, **romans de Zola** pour mieux comprendre et situer *La bête humaine*

L'assommoir. Les ravages de l'alcoolisme en milieu ouvrier. Histoire de Gervaise, mère de Jacques Lantier.
L'œuvre. Roman sur les affres de la création chez un peintre, Claude Lantier, frère de Jacques.
Germinal. La misère et les luttes sociales dans le milieu des mineurs. Héros : Étienne Lantier, frère de Jacques.
Nana. Roman de la débauche. Héroïne : Nana, fille de Gervaise, sœur de Jacques, prostituée.

Index des thèmes

COLLECTION PROFIL

La philosophie au baccalauréat

La série « philosophie » traite toutes les notions du programme de Terminale, mais, au lieu de les prendre une à une, chaque fascicule regroupe celles qui sont historiquement et théoriquement liées entre elles. Cela permet de montrer d'où viennent ces notions, quel rôle elles jouent et comment elles se développent : les textes des philosophes qui les utilisent sont ainsi commentés et mis en relation.

Les fascicules ne sont pas isolés : chacun forme un tout mais il indique aussi les prolongements ou les relations qu'il entretient avec tel autre fascicule.

Le lecteur est amené non plus à « bachoter » le programme mais à en saisir le sens, le fonctionnement et même les pièges : une partie méthodologique lui propose de comprendre — à partir des sujets donnés au baccalauréat — les problèmes qui se posent en chaque domaine et de saisir les moyens d'y faire face.

La série « textes philosophiques » est conçue spécifiquement pour l'étude d'œuvres philosophiques en Terminales A, B, C, D, E. Chaque volume présente un texte philosophique entier (œuvre courte ou fragment intégral d'une œuvre) et en propose l'analyse dans une introduction. Des commentaires expliquent le plus simplement possible la pensée de l'auteur sans la trahir.

On trouvera par ailleurs dans la collection Profil les ouvrages suivants :

(authentiques copies d'élèves, suivies chacune d'un commentaire).

Imprimé en France par MAURY-EUROLIVRES S.A. – 45300 Manchecourt
Dépôt légal : Janvier 1996
Nᵒ d'édition : 15061 – Nᵒ d'impression : F 8324